转型密码

TRANSFORMATION PASSWORD

——新常态下的创富法则

谢家宜 著

中国财富出版社

图书在版编目（CIP）数据

转型密码：新常态下的创富法则 / 谢家宜著. — 北京：中国财富出版社，2019.4

ISBN 978-7-5047-6898-8

Ⅰ. ①转… Ⅱ. ①谢… Ⅲ. ①企业管理 Ⅳ. ① F272

中国版本图书馆 CIP 数据核字（2019）第 085646 号

策划编辑 宋　宇　　**责任编辑** 齐惠民　郭逸亭

责任印制 梁　凡　郭紫楠　　**责任校对** 刘瑞彩　　**责任发行** 董　倩

出版发行 中国财富出版社

社　　址 北京市丰台区南四环西路 188 号 5 区 20 楼　　**邮政编码** 100070

电　　话 010－52227588 转 2048 / 2028（发行部）010－52227588 转 321（总编室）

010－52227588 转 100（读者服务部）　010－52227588 转 305（质检部）

网　　址 http: // www. cfpress. com. cn

经　　销 新华书店

印　　刷 定州启航印刷有限公司

书　　号 ISBN 978-7-5047-6898-8 / F · 3020

开　　本 710mm × 1000mm　1/16　　**版　　次** 2019 年 6 月第 1 版

印　　张 13.5　　**印　　次** 2019 年 6 月第 1 次印刷

字　　数 157 千字　　**定　　价** 78.00 元

自　序

一切问题，都是老板的问题。看到这句话很多老板可能不服气，说企业做不好是因为市场不景气、行业不规范，或者对手太强大、员工不给力。乍一听，好像很有道理，但这些都是外部因素，企业做不好、出问题其实很多都是因为内在因素。很多老板并没有想过，选择什么市场、进入什么行业是他们自己选的，竞争策略是他们自己拍板的，员工是他们自己招来的，如果说是这些环节出了问题，那么根源也在于自己迈出的第一步就错了，所以老板才是企业最大的问题。

通常情况下，资本、市场、客户、人才、机制等都是影响企业发展的重要因素，但是如何组合这些因素一般都是由老板决定的，特别是在国内的中小企业，常常都是老板一个人说了算，这也造成了市场上老板强则企业强，老板弱则企业亡的现象。

结合对各类企业的指导以及自身经营企业的经验，笔者认为老板最常见的问题有以下几个方面。

第一，战略问题。在当下商业环境下，90% 以上的老板每天都很忙，像个救火队员一样，三头六臂，哪里需要就到哪里去，甚至连鸡毛蒜皮的小事都要亲力亲为。但是，在企业战略制定、公司规划方面极其忽略，甚至是搞不懂，还拒绝学习，导致企业在稍微有点起色后马上就会遇到瓶颈。

第二，老板一人独大。很多老板觉得公司是自己的，股份舍不得分，权力舍不得放，公司成了自己的“一言堂”，最后做好了是运气，做差了就怪别人。其实，老板一人独大，本质上还是企业缺“人”，没有可靠的人才。

第三，钱的问题。市场上几乎所有的企业倒闭都是因为钱，很多老板在整个事业生涯中几乎每天都在为缺钱而发愁。在笔者看来，老板只需要解决一个问题，那就是钱的问题。用钱解决人的问题，用人解决事的问题，当每一个环节都做好了，企业想不发展都难。当然，除了融资、聚人，更重要的是学会融聚人背后的资源，只有这样，企业才能获得更多的动力。

第四，缺乏执行战略的组织能力。很多老板想法很多，每天可以从外部获取很多高质量的信息，但就是转化不了，这些信息难为自己企业所用。究其原因，主要是没有上传下达的执行通道。一流的执行往往需要依靠员工的自动自发，这就涉及团队管理、企业高效工作流程的制定，而这也是很多老板在经营管理中的盲区。

综上所述，与其埋怨不好的“果”，不如先从“因”出发，从根源上解决问题。这也是笔者所说的，老板才是一切问题的根源。认识不到这一点，进入再多的行业，选择再多的客户，变换再多的营销策略，招再多的员工，都没有用！

“行有不得者，皆反求诸己。”作为老板，只有正视自己在企业中的位置，多从自身寻找原因，内外求索，才能从根本上解决企业发展中出现的各种问题，使企业不断优化，最终转祸为福，保证企业长久发展。

谢家宜

2018 年 12 月 5 日

目　录

第一章　欢迎来到互联网时代

第二章 先定位，后做事

第三章 老公司的新玩法

第四章 上传下达的执行通道

第五章 原则帮你发现真相

第一章　欢迎来到互联网时代

趋势大于一切

从某种意义上来说，趋势就是我们生活的环境，在这个大系统中，每个人都是其中的一个小系统。小系统不能脱离大系统独自运作，人无法完全脱离环境生活，所以趋势大于一切。

接下来要明确的就是我们当下所处的趋势是怎样的，以及怎么顺势而为。

顺势而为，可以放大你的能力

趋势是什么？我在这里把它比喻成风。

顺着风走，你会受到推动力，也就是说，你的能力可以被放大。这意味着你有极大的可能比别人先到达、先成功。而那些走在晴日无风天气里的人就只能依靠自己的力量向前走，力不从心的情况时有发生，所以即使努力、努力、再努力，也往往收效甚微。至于那些逆风而行的人选择的是和自己过不去，在这里我们就不多做讨论了。

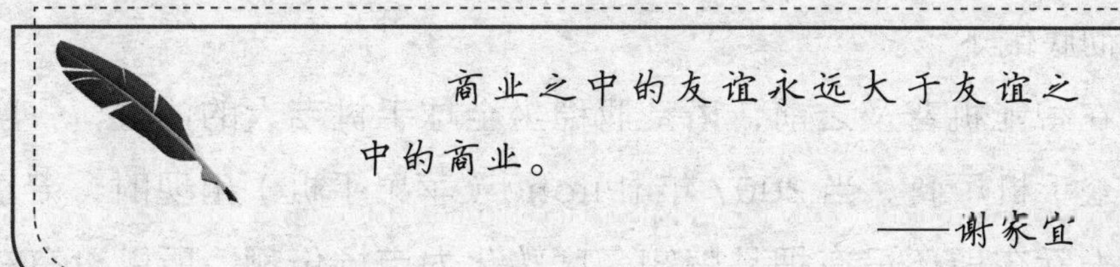

在这里我们要明白，每个人都是现实社会里生存着的一员，个人如果顺着趋势，就能够事半功倍；而如果逆着趋势，无疑会特别辛苦。更夸张地说，在如今日新月异的时代，不顺应潮流几乎等同于自取灭亡。这里有一个很好的佐证——诺基亚手机的失败。

相信不少人都使用过诺基亚手机，在那个手机还没有完全普及的年代，过硬的质量和好用的塞班系统让拥有诺基亚手机的人无形中拥有了骄傲的资本，但这一切在 2007 年智能机到来时被终止了。2013 年微软并购了诺基亚手机部门，辉煌多年的诺基亚手机彻底倒下了。

在智能机普及之前，诺基亚稳坐全球手机老大的位置，一度俯视众手机厂商。当 2007 年 iPhone（苹果手机）出现时，诺基亚认为乔布斯还没有把品牌知名度转化为市场份额，所以没有在乎。紧随其后，Android（安卓系统）来了，三星、华为、HTC等品牌都因 Android 而变得家喻户晓。触摸屏的时代来了，但诺基亚对塞班系统仍情有独钟，依然固守手机物理按键。结果很明显，2008 年诺基亚手机的市场占有率是 40%，但到 2011 年就只剩下 25% 了。

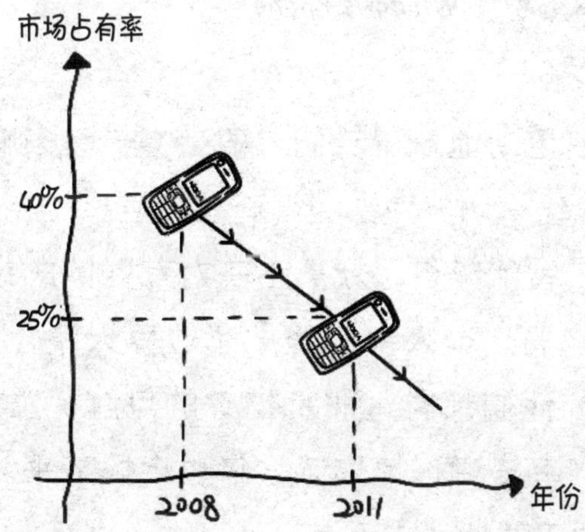

在这一轮手机更新换代的浪潮中，诺基亚的失败是显而易见的。当然，失败原因是多方面的，如骄傲自大、盲目轻敌、决策失误、战略不清等，但最主要的原因是没有顺应潮流，没有把握住手机市场的发展趋势，没能真正考虑用户的需求，而是不断地消费用户对自己品牌的信赖，与消费者需求相悖而行的后果就是被抛弃。

近几年，诺基亚开始顺应潮流，抛弃了塞班系统，选择了微软的智能手机系统，但销量依然不是很理想，所以诺基亚最终又拥抱了安卓系统，据说销量还不错。

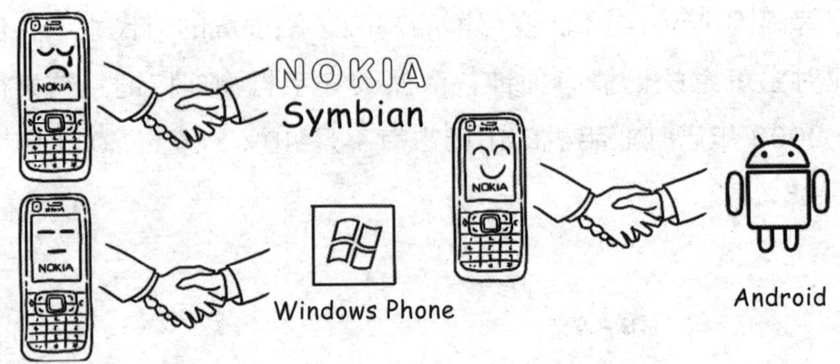

这个案例很生动地告诉我们，要生存，必须顺势而为，只有顺应趋势，才能让一切努力都变得更有价值。

既然谈到了智能手机，就离不开对互联网的讨论。在这一领域中，做得最好的几个人都已经成了业界大拿，如马云、雷军。关于顺势而为，他们都有过非常精辟的见解。雷军说，在风口，猪也能飞起来。马云说，风停了，猪也会摔下来。这些观点都印证了顺势而为的重要性。

古语有云：“识时务者为俊杰。”这句话说的就是要顺势而为，要依照当下的环境形势和发展趋向来思考和做事。在极端情况下，这些想法和做法可能与原定计划有出入甚至背道而驰，但只有这样做，才能达成原定目标，只有顺势而为，做的一切才不会白费。

所以说，一个人、一个团队能把事做成了、做大了，不一定是他们能力超群，而是他们对未来有正确的预估，并做了正确的选择；那些穷困潦倒、说自己怀才不遇的人也不见得是没本事的人，只不过没有把握住趋势。这也正是笔者反复强调过的“选择比能力更重要”的原因。

说过了诺基亚逆势而动的例子，我们再来看一些顺势而为的例子。对顺势而为最好的诠释应该是股市，这是所有股民都谙熟于心的真理，但牢记于心不代表就可以成功，不然所有炒股的人都赚翻天了，所以关键还是一个“势”字，知道了“势”是什么、往哪儿去，才能有所作为，“势”是“为”的先决条件。稍微了解股市的朋友都知道，每个股民都在进行顺势而为的操作，绝对买红不买绿，但这种表象的顺势并没有造福每一个人。在股市中，只有对大的政治、经济动向有所预判，才能顺到实际的势，而不是表象的势。

认清现实和形势，清楚自己的目标，这样才能根据当前的形势，有针对性地根据自己的目标制定出实际可操作的方案。这个方案可能与原来的方案有所冲突，这时候要做的就是权衡、选择。如果是后来根据形势制定的方案，就要毫不犹豫地采纳。

顺势而为≠“随大溜”

这里我们要强调一点，顺势而为不是让你去“随大溜”，而是在对发展趋向有所分析和预估的基础上，修正自己的目标和实践方案，然后切实地去做；不是“天好热，我们找个凉快的地方待着吧，你看都没人在室外待着”，而是“天好热，我们找个人流量大的地方去卖冰激凌吧”。

自李克强在2015年两会上首次提出“互联网+”以来，无论是科技圈、创业圈，还是金融圈、资本圈，都掀起一股不可阻挡的互联网潮流。小到街边路口的小店，大到传统行业巨头，不管是什么行业，言必提及“互联网+”，似乎不借一下“互联网+”

的东风，就会被时代抛弃；从商业大拿到草根创客，似乎不侃几句互联网思维，就可能被创业圈隔绝。

不可否认的是，互联网正在加速淘汰传统产业。当互联网与传统产业紧密结合，并开始重构中国的产业格局时，就意味着要颠覆传统企业的商业模式和运营模式。毫不夸张地说，在微信上开一家微店，便可称得上是移动互联网创业。于是，很多企业家开始担忧，如果不顺应互联网的潮流，企业是否会面临被淘汰的命运。

“风口论”盛行，“互联网 +”兴起，一时间，“互联网 +”成了很多人眼里的掘金风口。实际上，“互联网 +”不仅是万能的风口，还可以促成很多新风口的出现。“互联网 +”讲的是融合与转型，形成的是全行业转型升级，从而改变人类生活环境的势能，这是任何减法或者乘法都做不到的。对“风口”的理解一般是哪个行业火热起来了，哪里就是风口，风口必须有风，最好有大风，就是“能把猪吹起来”的大风。像 P2P 网贷、智能硬件、创业服务、在线教育、移动医疗、新三板等，不仅在投资人和创业者眼里，甚至在大众眼里，都被认为是风口。当前，很多参与“互联网 +”的创业者都心浮气躁、急于求成，以为“只要站在风口，猪都能飞起来”，未免有些异想天开。舍产品之本而逐营销之末，跟着一个概念糊涂跃进，肯定要出问题。因时而变的商业敏感固然可贵，但盲目跟风要不得。当下，很多人陷入了“集体的魔怔”，将“互联网 +”说得神乎其神、玄乎其玄，甚至视其为包治百病的灵丹妙药。

面对这股热潮，我们必须冷静下来，审慎观之。有人说“互联网 +”是“重资产 + 技术”，意在以互联网改造生产模式，以电子商务改造流通模式，拉动需求，提振经济；有人说“互联网 +”是“轻资产 + 服务”，意在完成传统产业的在线化、数据化，实现大数据指导经营和管理；还有人说互联网不过是个技术手段而已，既不神秘，又不值得被拔高，那些理念只是“新瓶装旧酒”

罢了，如非理性消费成了粉丝经济，供货不足成了饥饿营销，等等。争鸣之间折射出互联网的影响力，也显露出人们认知的多元化。大互联时代给传统企业带来的冲击毋庸置疑。对于企业来说，做出改变已经是不得不做的事情，任何转型都有风险，但到底是稳扎稳打，还是拥抱互联网创新思维？这恐怕需要我们进行思索。

不管从事什么行业，大家都已经开始认真地思考自己怎么能够拥抱互联网，运用互联网来做事，或者用互联网的技术来提升竞争力。但是，实现真正的互联网经济需要更多的耐心和投入，而非看似热闹的“排浪式跟风”。若企业能在大数据、云计算等新兴领域倾注更多的人力、精力和财力，打造出创新驱动的发展模式，对于提高生产效能和经济效益、整合社会资源来说，无疑将发挥出极为显著和有效的拉动作用。

人们对互联网的未知远远大于已知。各派观点孰是孰非，实践自会印证，但产业发展万变不离其宗，先进技术和过硬品质是永恒的追求。消费者永远关注的是产品的价格和品质，至于商家通过什么渠道去营销并不是最重要的。着眼于生产、分配、交换、消费的社会生产总过程，互联网并没有颠覆生产本身，毕竟互联网卖的也是商品，它本身也是商品。不论是日臻成熟的网络购物、在线支付，还是方兴未艾的微商、O2O（线上到线下），互联网提供的主要是渠道，影响的主要是营销。这就意味着，在“互联网 +”的时代，生产依旧是大前提。没有好产品做保障，再前沿的理念也是空中楼阁。互联网商业传奇令人惊叹，但我们更应认识到，这些互联网大拿们绝非“一招鲜吃遍天”，而是在技术、质量等各个环节都下了不为人知的苦功夫。当下，“互联网 +”的概念炙手可热，几乎接近沸点，但是“互联网 +”

不是一个标签，也并非简单相加，大家要清醒、理智地思考："互联网 +"到底加什么？怎么加？一定要在互联网思维下去思考、运用，不能盲目。面对互联网，传统企业不应该相信任何一个来自互联网的神话和谣言，而应该沉下心去思考，就像在面对传统市场时一样，摸清楚自己的消费者在哪里，是一线城市还是二、三线城市？是微博、微信还是QQ空间和论坛？自己产品的核心卖点通过什么渠道传播出去最合适，是报纸还是电台？是微博红人还是电子邮件？对此，企业需要制定基于互联网的整体战略规划，正如当年在面对传统市场时制定的纲领性战略一样。对于亟待转型的企业来说，在着急上马之前，可先自查一遍经营理念、员工思维、内部管理等外壳之内的"血肉"是否已为互联网改造做好准备。只有真正注入用户至上、贴近市场、灵活多变等互联网基因，才能真正成功。只有不断地在自己专注的领域内钻研，提升自己的产品与服务的竞争力，最大限度地提升用户体验，才是正道。

人人都知道趋势很重要，每个人都在追逐趋势，试图把握住趋势。紧跟时代趋势固然没错，但若追随这个趋势不是你内心最想做的，一定要停下来，问问自己，这真的是你要的吗？

目前最大的趋势是互联网环境下的消费降级

移动互联网的发展使形形色色的消费理念不断出现，如消费降级、新零售等。人们的消费理念和行为正在发生转变，电商的繁荣为消费者做出选择提供了更广阔的平台。

“拼多多，拼多多，拼得多，省得多……”不知不觉中，不少人已经被这首改编自《好想你》的拼多多广告神曲洗脑，伴随而来的是拼多多的业绩神话。公开资料显示，在短短三年时间里，拼多多的付费用户达到 2 亿人。凭借“团购 + 低价”策略以及对微信平台社交属性的运用，拼多多从三线以下城市快速崛起，将一众电商甩在身后。在这里，消费降级扮演了极其重要的角色。根据极光大数据的统计，拼多多用户 70% 为女性，65% 来自三、四、五线城市的低收入人群，他们属于价格敏感型客户。拼多多的低价牢牢抓住了这些人的核心需求，再加以一系列的商业运作，崛起也就自然而然了。

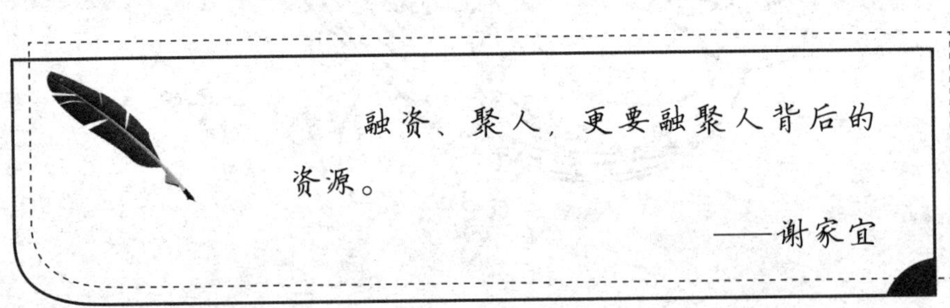

融资、聚人，更要融聚人背后的资源。

——谢家宜

究竟是什么力量让拼多多从激烈的竞争中脱颖而出？究其原因，主要是“消费降级”趋势在发挥作用。举例来说，当你准备去某一地点时，第一反应或许是掏出手机扫一扫摩拜或者哈罗单车；当你想购买一些简单的生活用品时，或许会考虑去闲鱼逛一逛。在做这些事情的时候，你已经加入了消费降级的阵营。

近年来，共享经济与二手经济爆炸式发展，滴滴、共享单车、闲鱼、转转等如雨后春笋般涌现，侧面证明了消费降级这一庞大市场的客观存在，用更低的价格来满足消费者对商品使用价值的需求。

虽然共享工具或二手货物无法像崭新的商品那样，带给人们崭新的使用体验和心理满足感，但是它们能够满足用户最基础的使用需要，对于那些并不在意商品新旧的人群来说，已经足够。

但“消费降级”真的是这么回事吗？

“消费降级已经是确实发生的。”2017 年，蜜芽创始人刘楠在长江商学院分享会上如是说。在刘楠看来，这也是零售领域出现的趋势。“消费降级不是消费升级的对立面，不是说有一部分人在消费降级，另外一部分人在消费升级，而是消费升级升到最后就是降级，因为我们对价格有更高的要求。一开始东西少，产品品质好一些、故事讲得好一些、全面性好一些、服务好一些，就可以卖出比较好的价格。所有的东西成熟之后，最终为商品埋单的是消费者，他们成熟了，为溢价埋单会越来越少。所以，消费降级是消费升级的延展，而不是对立面。”并且一线城市中的消费升级与消费降级是和谐共存的。但随着平均收入在不同发展程度城市的逐级递减，消费层次也会逐渐趋于“降级”。

之前常说消费升级，最终落实到产品上，就是品质方面有所改良，选购进口商品很多也是基于这种考量。但如今情况有变，

以蜜芽为例，过去消费者看到进口商品评测，评论是“从没见过这样的商品，满足了我的需求”，现在更多的是“中国没有类似的吗？我们中国也能产”。这恰恰说明，“价格”不是越来越多的消费者考虑的要素，他们并非花不起钱，而是认为没有必要花那么多钱，越来越少的消费人群愿为以往“消费升级”的溢价埋单。刘楠认为，消费降级的出现，与人民币贬值、房价、贸易保护抬头有关。其中，房价主要限制一线城市消费力，因此一线城市消费降级趋势显著。基于蜜芽二、三线城市母婴人均支出上升程度远高于一线城市的数据事实，她认为二线城市仍会有消费升级的现象，但在三、四线城市则会绕过消费升级，直接进入消费降级。

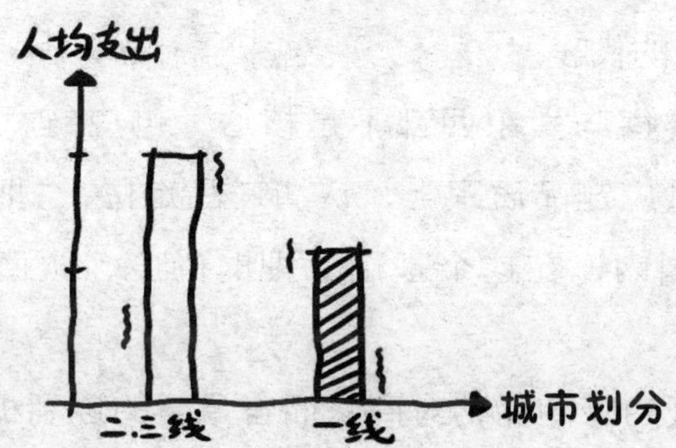

大体逻辑是相同的，那便是刚性支出对日常消费的抑制，让消费者更倾向于选择高性价比的商品。

在整个消费降级浪潮中，刘楠发现快消品的平价化趋势最明显。这时候会有很多创业公司冒出，对它们而言，还是能讲消费升级的故事，但定价不能高，正确的定价有助于抢占先机。具体做法方面，有四点可供参考。首先，塑造内行形象，把要卖的东西讲得清楚明白，价位定到相对应的水平。其次，打造动机。比如，喝白酒，茅台很贵，相较而言江小白便宜，但是后者市场营销的点在于“年轻人喝年轻人的酒，交到真朋友”，这种心理暗示很重要。再次，个体到群体画像。目前，很多产品是CEO（首席执行官）出来代言，如丁磊、雷军等，他们普遍具有消费意见领导能力。创业要抓住这部分人，以身作则，给消费者消费的理由。最后，转移消费，不买贵的是因为有更好的。

此外，刘楠认为把握消费降级有两点需要注意。

其一，品质不是核心，核心是又快又便宜又美。产品品质依旧很重要，只是它成了基础，光强调品质已无法产生差异化优势。对品牌而言，未来最重要的是对“美”的持续耕耘，网易严选可谓电商“美”的代表。

其二，零售与卖东西都不是核心，供应链才是。产品品质好的前提是供应链品质跟上，认清产品定位，“把品质放在大众可接受的范围内，在这个基础上把时尚度、颜值、供应链调到最优”。

消费降级的暗潮涌动对商家而言是新的逐利机会。倘若能够把握住消费降级的大势，必然能够在商业赛道上抢占先机。

2018年年初，阿里的一则招聘启事——“年薪40万元，60岁以上，广场舞KOL（意见领袖）优先”，不仅赚足了吃瓜群众的眼球，还让不少年轻人泪奔——做牛做马忙一年，年薪都比不上广场舞大妈。

坊间推测，阿里巴巴此举是为了“以老年人的视角来帮助公司更好地了解老年人”。具体而言，被聘用者需要在推广产品的同时，通过问卷调查或访谈等形式反馈中老年群体对产品的体验情况。无形中，这也打开了老年人的消费市场。

在消费降级背景下，商家可以将老年消费作为一个较好的切入点，在充分了解老年人购物需求的基础上，为他们提供更多的高性价比的日常消费品。

互联网会打翻很多人的饭碗

1969 年，互联网诞生，人类正式从无线电时代跨越到网际网络时代。使用互联网可以瞬间将消息发送给千里之外的人，互联网成为信息社会的基础。

但任何事物都是有利有弊的，当下我们使用的互联网和获取的信息只是冰山一角，在不同层面上，互联网的影响都值得被关注。

电商对传统实体经济的挤压

对于传统企业来说，不是想不想往互联网转型的问题，而是用户已经不在企业的原有渠道体系里了。用原来的旧思维、旧方式，企业将找不到用户，倒逼企业转型的不是互联网，而是用户。

先说几则关于传统企业的新闻。

第一则：娃哈哈董事长宗庆后在出席2014亚布力中国企业家论坛夏季高峰会时激烈抨击互联网，他认为："我们要警惕互联网经济对国家经济安全的影响，现在有的网商公开说要颠覆传统经济，也就是说要颠覆实体经济。网商应算是虚拟经济，如果把实体经济全搞倒闭了，他还能做什么生意？"同时，他认为，"网店搞乱了既有的价格体系，致使企业产品卖不出去、利润大幅下降，一些企业甚至只能关门歇业，这进一步造成了更多人失业。"

在同样的论坛上，联想董事长杨元庆也谈到了互联网，他指出："互联网并不能代替一切，它不能代替产品的创新，不能代替技术研发、生产制造和供应链管理。互联网并没有也不可能颠覆传统产业的根本价值和核心价值。"杨元庆还暗讽小米，"有些互联网企业试图把价值链其他环节都外包，把主要注意力放在营销环节上，希望获得快速成功，圈来资本市场的钱，不去琢磨如何苦练企业内功，怎样做好研发，把控产品质量，管理好供应链，改善售后服务，这样的业务模式最终是行不通的。"杨元庆号召广大企业向务实的华为学习。他认为，华为专注打造自己核心竞争力的"扫地僧"精神，不仅不会被颠覆，反而会更加强大。

第二则：茅台集团在其官网发布公告称，对在酒仙网、中酒网等电子商务平台上购买的贵州茅台酒、茅台王子酒、茅台迎宾酒等茅台相关系列产品的真伪存疑，声称“前述电子商务平台2014 年与我公司没有业务合作关系，其进货渠道无从知晓，如存在侵犯茅台知识产权的情形，我公司将依法维权，敬请广大消费者给予大力支持并进行监督”。茅台集团的这份公告虽然未指明这些电商平台销售的茅台酒为假货，但声明中急于跟垂直酒类电商划清界限的意图非常明显。当然，茅台并不是唯一一家封杀酒仙网、1919 这类酒类垂直电商平台的酒类品牌，郎酒集团就曾下发文件要求经销商停止向酒仙网、1919 酒类连锁供货。

第三则：2014 年 8 月 29 日，万达、腾讯和百度在深圳联合召开发布会，正式宣布在香港注册成立电子商务公司，一期总投资额高达 50 亿元，其中万达持股 70%，腾讯和百度各持股 15%。万达王健林、百度李彦宏、腾讯马化腾均到现场并发表致辞。在致辞中，王健林话中传递的声音是，万达电商的方向是做 O2O，并认为这是电子商务最大的“蛋糕”，O2O 都是刚刚起步，目前还没有看到真正的 O2O 平台。万达 O2O 一定不是卖商品，而是卖服务。王健林还表示，50 亿元只是第一批投资，5 年之间总投资要接近 500 亿元。

如果你认为教育的成本太高，试试看无知的成本。

——谢家宜

李彦宏和马化腾的讲话不知是英雄所见略同，还是有意为之，讲的内容几乎是一致的，主要有三点：第一，互联网正在加速淘汰传统产业，不拥抱互联网的企业可能都会被淘汰，需要尽快抓住机会；第二，O2O 行业拥有巨大的机遇；第三，他们都是做平台，都在做连接人与服务的事情。

如果把这几则新闻串联起来，就会发现一件特别有意思的事情。传统行业的大拿明显分成两派，一派是反互联网者，一派是互联网簇拥者。反互联网者的阵营又可以分为保守派和温和派。保守派对互联网始终抱着质疑甚至仇视的态度，不时发布各种互联网给实体经济带来不良影响的负面消息，完全无视互联网带给传统行业的正面影响，他们认为互联网扰乱了原有的价格体系，造成了企业间的恶性竞争，导致大量人员失业。温和派相对进步很多，他们认可互联网带给传统行业的改变，但对互联网的影响深度认识不足，因此缺少实际行动去对自己的业务模式进行深层次变革。他们的典型观点是“互联网只是一个工具，互联网不可能颠覆传统产业的核心价值，也没办法取代产品的创新和技术研发、供应链管理”。而互联网簇拥者对互联网的认识已经很深刻，这一派的典型观点是把互联网比喻成水、电、煤，认为互联网对传统行业的影响是革命性、颠覆性的，绝不只是一个工具这么简单。这一派的部分先锋者不仅在认识上超前，还付诸行动，在向互联网的转型中率先抢占了行业先机，并取得了巨大的成功。

那么，为什么这些传统行业的大拿会恐惧互联网呢？实际上，我们对比就会发现这一批反互联网者基本上都是所在行业的垄断者或翘楚，属于传统经济的既得利益者。他们受益于传统计划经济向市场经济转型的各种特殊政策和发展机遇。有些垄断企业甚至打着支持民族企业发展的旗号，在政府采购等方面得到了不少好处。试问，这些企业又有多少自己的核心竞争力？他们害怕互联网的根本原因在于还没学会如何在互联网经济时代转型，僵化的管理体制使他们转型极其艰难，表面上看他们是在呼吁大家别迷信互联网，实际上是害怕其他企业转型太快，把他们落下了。现在，突然有这么一帮门外的野蛮人跨界颠覆他们，心里一下子接受不了。而那些对互联网怀有敬畏之心、不断寻求变革的传统大拿，如张近东、王健林，往往出现在传统零售渠道业等最容易被互联网颠覆、改造的行业里。这些行业作为连接品牌商和消费者的沟通媒介，如果不能为品牌商和消费者创造新的价值，就随时都有可能在互联网大潮中被其中一方抛弃，引发其业态的崩溃。所以，他们对互联网的敏感程度远高于其他行业。

认为互联网不能代替产品创新、不能代替技术研发、不能解决供应链管理等的人，对互联网的认识太浅薄，只是把互联网当成营销渠道。如今，中国网民已经达到8亿多人，企业一切问题的根源都是人，当所有国民都成为网民时，又有什么是不可以通过互联网解决的呢？未来的产品创新、技术研发、供应链管理等都应该围绕互联网去架构。

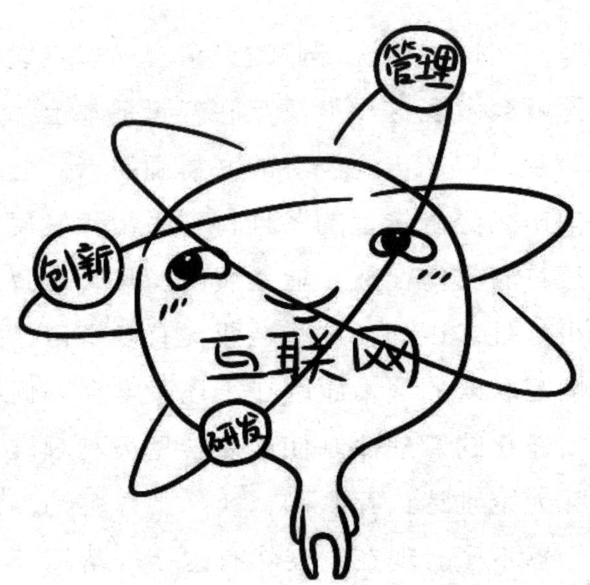

那么，互联网会搞垮实体经济吗？其实，互联网是传统经济的升级和再造，如今做网商的很大一部分人就是原来那批做传统渠道的，他们只不过是把产品从线下门店搬到了线上，给自己增

加了接触客户的机会。互联网不但不会搞垮实体经济，反而会延伸产业的发展边界。而未来根本就不存在虚拟经济和实体经济之分，未来不可能有独立存在的实体经济，所有的经济模型都是在互联网基础上构建的，只有依托互联网的经济才能生存，这就是互联网化经济。

如果把电视、报刊等传统传播渠道比喻成空军，把原有的卖场、商超等传统经销渠道比喻成陆军，把用户比喻为敌人，如今中国传统企业面临的最大问题不是空军和陆军不够强大，而是敌人找不到了。敌人都跑到哪里去了？敌人都跑到大海了，大海就是无边界的互联网，范围这么大，如果不转变作战方式，怎么找得到敌人？

总之，互联网不仅仅是工具，也不仅仅是水、电、煤，它是人类未来的空气，比水、电、煤更重要、更不可替代。跟蒸汽机、电力、电脑一样，互联网是人类文明的新基石，它带给人类社会的想象空间将超越以往任何一项发明。它的能量非常大，就像黑洞一样制造了巨大的引力场，卷入其中的行业越来越多，任何行业最终都将无法逃逸。

来自AI的“威胁”

AI是Artificial Intelligence（人工智能）的缩写，是研究、开发用于模拟、延伸和扩展人的智能的理论、方法、技术及应用系统的一门技术科学。通俗地说，就是让计算机模拟人的某些高级功能，完成以后就可以让计算机去做以前只有人才能完成的工作，如计算、翻译、思考、决策、语音和图像识别等。

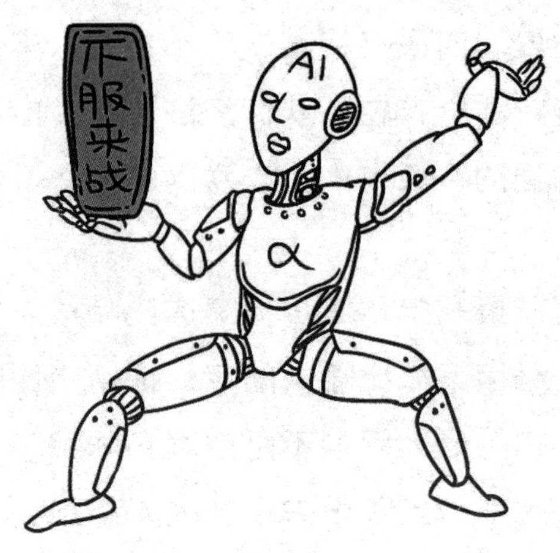

近年来，引爆人类对 AI 关注的事件发生在围棋界，人工智能机器人 AlphaGo 成为第一个击败人类职业围棋选手并战胜围棋世界冠军的机器人。2016 年 3 月，AlphaGo 与世界围棋冠军、职业九段棋手李世石进行围棋人机大战，以 4∶1 的总比分获胜。2016 年年末至 2017 年年初，该程序在中国棋类网站上以“大师”（Master）为注册账号与中、日、韩数十位围棋高手进行快棋对决，连续 60 局无一败绩。2017 年 5 月，在中国乌镇围棋峰会上，它与世界排名第一的围棋冠军柯洁对战，以 3∶0 的总比分获胜。

在柯洁与 AlphaGo 的人机大战结束后，谷歌宣布，AlphaGo 将不再参加围棋比赛。AlphaGo 将进一步探索医疗领域，利用人工智能技术攻克现代医学中存在的种种难题。如今，人工智能的深度学习已经展现出潜力，可以为医生提供辅助工具。实际上，对付人类棋手从来不是 AlphaGo 的目的，谷歌只是通过围棋来试探它的功力，而研发这一人工智能的最终目的是推动社会变革、改变人类命运。据悉，他们正积极与英国医疗机构和电力能源部门合作，以此提高看病效率和能源利用效率。

AlphaGo 能否代表智能计算的未来发展方向还有争议，但比较一致的观点是，它象征着计算机技术已进入人工智能的新信息技术时代，其特征是大数据、大计算、大决策，三位一体。它的智慧正在无限接近人类。

目前，人工智能在图像识别领域已经取得了突出成绩。比如，可以对一张图片多次筛选，获取多个类别，并标注在图片上，还可以进行图像分割，根据图像识别的结果直接生成语句；Google（谷歌）翻译可以直接将图片上的字母翻译过来，并显示在图片上。人工智能已经实现了作诗、写歌词和画画等功能。2018 年 10 月 26 日，佳士得拍卖会上拍卖了一张人工智能创作的肖像画《埃德蒙·贝拉米的肖像》。该画最终售价 43.2 万美元，远远超过了 7 000 ～ 10 000 美元的预计售价。画作右下角的署名显示的是创作它的实际算法。

关注并讨论人工智能是未来一大趋势。如果关注了 2017 年年底在乌镇举行的世界互联网大会，就会发现嘉宾们的发言都围绕着人工智能展开。有关人工智能的名人名言数不胜数。霍金说："人工智能会导致人类灭亡。"比尔·盖茨说："人类需要敬畏人工智能的崛起。"埃隆·马斯克说："人工智能是人类生存最大的威胁。"

这些人的说法不免让人心生恐惧，因为人工智能对技术发展的影响越来越大，而对社会结构的影响还没有完全呈现，但这些比一般人看得更远的人言之凿凿地说出了"未来将会发生的事"，这很值得讨论。

从技术发展的角度来看，人工智能的发展过程是一个非常神奇的"去专家化"的过程。以语音识别为例，一开始训练一个语音模型需要大量的语音专家来调试，而现在如果要训练一个新的语音识别系统，先需要大量的工程师，最后才考虑要不要找一个语言学家来把关。"去专家化"的本质是机器的大量练习让程序在"经验"上超越了人类可能达到的"熟练程度"，我们可以期待越来越多的应用层达到人类理解以外的高度。

从社会结构发展的角度而言，受人工智能影响最大的是传统的就业体系，三百多年前机器的出现，开始替代工人，一百多年前交通的发展刷新了人们对出行的认知，几十年前计算机开始替代人类推算的部分工作。到现在，很多重复性的工作甚至是一部分创意性和决策性的工作都不需要人亲自来完成了。

技术走在劳动关系前，在人工智能的发展中体现得有些残酷。但从长远来看，人工智能将重构几乎所有的行业。目前，人工智能在无人驾驶、制造业、财务管理、金融行业等领域内对人类工作的影响已经凸显。

当前，汽车行业正面临从未有过的变革和危机，整体发展放缓。另外，随着“电动化、网联化、智能化、共享化”的推进，一些相关的岗位和部门将面临裁员风险。但与风险同存，汽车行业也迎来了巨大的机遇，新能源、无人驾驶等都吸金无数。很多汽车企业实在不甘心就这么眼睁睁地错过机遇，但是又怕等机遇过去了，可能会掉下来摔死，一直犹豫不决。

无人驾驶的发展需要解决很多现有技术的局限性问题。例如，尚未普及在所有天气条件下均能正常运作的传感器和 3D 地图（三维地图或立体地图），还有人们对网络安全和可靠性的担忧。这些问题的解决主要依靠技术厂商、互联网企业、互联网出行平台以及人工智能技术。企业是推动无人驾驶技术发展的中坚力量，百度已经在进行无人车的量产工作，滴滴出行也在美国设立了人工智能实验室来探索无人驾驶技术。Uber（优步）与卡耐基梅隆大学和亚利桑那大学合作，在匹兹堡开设了一个高级技术中心，用以测试地图导航和无人驾驶汽车。地平线早已发布人工驾驶系统平台，并完成中国首个智能代客泊车项目的路测。而传统汽车生产厂商在无人驾驶的大潮中受限于技术能力尚未取得较大突破。从短期来看，无人驾驶领域仍将保持以技术企业为主导的格局，传统汽车厂商将加大与技术企业的合作力度。

人工智能对制造业的冲击也日益显著，中国制造业面临的是机器智能所带来的挑战。在不久的将来，机器人将进驻制造业进行技术升级，工业机器人将对中国制造业的发展产生重大影响。工业机器人在制造业中的应用场景较为广泛，包括汽车、电气机械和器材制造、金属制造、食品制造、物流等多个工业领域。

对财务管理而言，财务机器人能够部署服务器或计算机上的应用程序，可以完成线上及系统性的工作，包括替代财务流程中的手工操作，管理和监控自动化财务流程、录入信息、合并数据、汇总统计，还可以根据既定的业务逻辑判断及识别财务流程中的优化点。相较于人工处理，财务机器人的优势在于可以替代耗费大量人力和时间的高度重复性的工作，更加擅长处理跨系统或跨岗位等需要协调的工作，其准确性更高，可以快速响应业务变化。例如，财务机器人可以通过替代人工工作节约大量时间成本，还可以通过效率、性能和准确性的优化提升工作质量，释放人力资源的潜力。

分享经济体制下，使用权大于拥有权，你拥有多少资源不重要，重要的是你能调动多少资源。

——谢家宜

未来人工智能对金融业的影响可能更深入，更多地涉及投资决策环节。通过内部研发或与金融科技公司合作，银行、券商等金融机构将进一步完善智能投顾（又称机器人理财），提高智能投顾的投资回报率。此外，在风险控制领域，人工智能可以通过自主学习加快风控模型迭代速度，帮助金融机构抵御各种欺诈风险。人工智能技术已经革新了金融机构的部分业务流程，如在申请或变更银行账户时，申请人无须前往银行网点，而是通过金融终端拍摄照片并上传至云端与身份证信息进行对比完成程序。虽然仅是改变了业务流程，并未涉及金融行业上下游，但由于降低了金融机构的经营成本，提升了业务效率，这类业务流程式的变革在未来将被持续推广。德勤高级经理钟昀泰表示："在未来的数年间，人工智能将成为众多产品的底层技术并实现普及。对于企业来说，不接受人工智能技术的将逐步被淘汰，而能够获得更好的多样化、情景化的数据，能够开发出更加智能的算法的将在竞争中获取更大的优势。”

人工智能其实就是一种工具，只不过这项工具能做的事情多了一些而已。

未来，人工智能会融入人们生活中的方方面面，我们不可能阻挡这种趋势，所以我们唯一能做的就是利用好这个工具，让未来的工作和生活更加方便。

消费者变了

人从出生就开始消费了，所以消费者的概念几乎可以等同于人。

今天，我们说“消费者变了”是在讨论什么？既是当代社会主力消费群体的消费行为呈现的总体特征较之过往有所不同，又是消费者身份的叠加和心理上的变化。

当代中国的消费行为分析

消费者行为学在经济学中是一门专业的学科。20 世纪 50 年代至 60 年代，消费者行为学从营销学中分离出来，在随后几十年的发展中，引导了以消费者为导向的现代营销学观念，并成为现代营销学理论体系的根基，是研究消费者行为背后的心理活动特征和行为规律的学科。传统上，消费者行为研究侧重购买前和购买后的有关活动，对消费者行为的界定也多是从购前和购后各种决策行为的角度出发。但是，随着经济社会的不断发展，企业面临的市场环境日益复杂，消费的形式、内容和平台日益多元化，消费者的行为模式和观念也发生了巨大的变化，因此现在一般认为消费者行为学研究的是个体或群体为满足需要与欲望而挑选、购买、使用或处置产品、服务、观念或经验所涉及的过程。这个关于消费者行为的界定较之传统观点更为广泛，有助于我们从更宽广的视角来审视消费者决策的间接影响因素以及相关因素对买卖双方各种决策的影响。

研究和理解消费者和消费行为过程有很多作用，它有助于企业管理者制定策略，可以为市场研究者分析消费者提供知识基础，帮助立法者、规则制定者更好地制定产品和服务方面有关购买、销售的法律与规则，还可以帮助大众消费者做出更明智的购买选择。

对于市场营销来说，了解消费者的意义尤为重要。营销策略是指为了达到一些管理目标而用以影响交易活动的方案设计、执行和控制。有效的营销策略直接影响着企业的盈利。由于企业营销资源的有限性和个体消费者偏好的差异性，进行消费者行为的研究是提高营销效率的主要手段。了解并预期消费者的行为，对影响消费者的购买决定、占领更大的市场份额、获得更多的利润或支持者意义重大。

就当代消费者及其消费行为来说，科学技术和世界经济的飞速发展使市场机制不断得到完善，可供人们选择的商品种类异常丰富，市场上形成了以消费者为主导的消费形式，消费者对商品的要求也越来越高。面对不同的人群，商品的价格、样式乃至配套服务、售后保障等需要有不同的针对性特色，并且在未来的市场中这些要求会越来越细化，走向定制化。决定当代人购买行为的因素不再只是价格和价值，而是对个性的附和以及心理的满足。以走上社会主力的 90 后为例，他们与市场并非单纯的供需关系，更多的时候涉及种子用户培育、口碑传播甚至潜在主流客群维护等问题。

毕竟90后这一代是互联网的原住民，受互联网开放和平等精神的洗礼，90后对70后和80后习以为常的等级观念嗤之以鼻，他们崇尚平等交流，瞧不上所谓的权威，对日常接触到的“人生导师”也非常无感，因为这种人他们在网上见多了。当然，你若真是个牛人，他们也会打心眼里佩服你。他们更注重付出与收获的对等，讨厌一味地奉献，也不会轻易进入“梦想”的圈套。

受益于互联网的开放和国际交流的增多，以90后这一代为主的消费群对世间万物有自己的看法和决断。他们更加自信，不再需要品牌、潮流等来证明自己消费水平的提升，而是更关注性价比。

物质基础的进步为消费需求的满足提供了必要的条件，消费品的丰富及多样化为消费需求的满足提供了可能性。在物品极其丰富的今天，人们不能只满足于衣食无忧，还要不断追求消费的更高境界和层次。追求消费的舒适与享受，追求消费带来的成就感、归属感和身份地位的认同感，已经成为现阶段消费的重要内容和形式。与以前文化生活相对简单、物质短缺相比，当代居民的消费选择空间大大增加，不同阶层由于个性特征、经济实力和收入水平不同，产生了多样化的消费需求。同时，人们对衣、食、住、行、用、文娱、医疗、教育等诸多领域都有了更高的要求。

近年来，我国高端消费异军突起。这主要有赖于我国超高净值人群和中产阶层的日益壮大。纵观 2008—2014 年的“胡润百富榜”，富豪上榜人数始终保持在 1 000 位以上，平均财富也由 30 亿元人民币上升到 64 亿元人民币，百亿富豪人数由 50 人扩大到 176 人，显示出中国超高净值人群的财富规模和人群数量都在持续扩大和提升。

同时，中产阶层日益壮大，年均收入在 50 万元以上的家庭数量持续增长。这批先富人群为高端消费市场的迅速发展提供了巨大推动力。高净值人群表达出对高品质消费的强大需求。中国人仍是境外奢侈品消费的最大群体，比重占全球总体量的一半多。除奢侈品消费外，居民越来越显示出对高品质日用消费品的青睐，日常家用产品成了人们出国购物的目标。跨境网购的爆发式增长正是这种消费需求高品质化的表现。

消费者身份的多重性

在互联网时代，生产者和消费者的边界逐渐模糊，往往消费者既是产品的生产者，也是该产品的消费者。互联网使消费者角色的转换变得简单。过去，我们必须到旅行社或航空公司买机票，现在只需要打开手机上的专业 App 自己订票就可以了，也无须去柜台办理登机手续，使用手机就可以实现值机。订票和值机实际上都是“自己为自己服务”，是“产销合一”的体现。另一个经典例子就是微信抢红包，我们每个人都是红包的生产者，也是红包的消费者。微信红包契合了我国过年发红包的习俗，同时红包能抢到多少是随机的，因而具有一定的神秘性。更重要的是，我们正“消费”着朋友发的红包，朋友们也“消费”着我们发的红包。这种自产自销带来了无尽的参与感。2015 年，微信红包与春晚互动抢了春晚的风头，微信公布的数字显示，2015 年除夕红包的总收发量为 10 亿次。

记得一个管理学家曾经说过，最好的雇员不是你的员工而是你的客户。消费者身份的多重性使消费者参与到企业生产的过程，因为消费者是最终产品的使用者，对产品的评判有最终的发言权，其参与可以很大程度上提升开发者对产品的认知。因而，如何调动消费者的创造性和参与感便成为互联网时代企业成功的标志。

消费者与生产者身份的叠加在当代最有代表性的现象是粉丝经济的出现，而身份叠加的益处就是实现产销合一。产销合一的经典案例之一是小米手机的粉丝经济学。小米手机大约有上千万粉丝，这些粉丝有一个昵称——“米粉”。米粉们经常去的地方就是互联网上的米粉店，在网店里用户可以决定小米手机的创新方向，小米为此还设计了“爆米花”奖，每周五下午都会按照用户的建议发布新的版本，下一周小米会根据用户的体验评出最受欢迎的功能。让米粉参与手机的改进是小米手机成功的动力，也是互联网时代“产销合一”的体现。正因为米粉的建议得到厂家的认可，米粉才有动力继续提建议，部分米粉最后还成为小米的员工。小米手机的副总裁黎万强在《参与感》一书中提及小米营销的三个支柱，即做爆品、做粉丝、做自媒体。他提到小米手机的粉丝活动像车友会，既有线上的讨论又有线下的活动，是“O2O”的结合。

产品众筹也可以实现产销合一。产品众筹是通过互联网募集资金并给予产品回报的一种机制。具体来讲，在企业生产出产品之前，通过融资、众筹，支持者已经付给企业钱，以支持企业的生产。如果众筹成功，支持者将得到发起者产品的回报。众筹产品多具有价格、款式或创意上的优势，因而喜欢产品的支持者会努力促使众筹成功，因为只有众筹成功他们才能获得回报。这些支持者必然积极发布消息，告知朋友项目的优点等。因此，众筹的支持者既是产品的消费者，又帮助了企业生产产品。

消费者身份的多重性还可以在微商模式中得到印证。相同的道理，我们先来讲个小故事。

小李每天都到老黄的店里吃饭，老黄跟他说："以前你来我的店里吃面都不打折，现在我给你打七折，你推荐朋友来吃面，报你名字也可以打七折；报你名字来吃面的朋友，每吃一碗，我奖励你 1 元，他们再推荐的朋友来吃面，每吃一碗，我奖励你 0.5 元。"

于是，小李下个月就介绍了一些朋友来吃面。到了月底，老黄对小李说："你推荐的朋友们一共来本店吃了 2 000 碗面，这是按约定给你的 1 800 元。"

过了段日子，小李很忙，没有时间去帮老黄介绍新人来面馆了。有一天，老黄拉着来吃面的小李，递给他 3 000 元。老黄告诉他："你上次介绍的那些朋友也介绍了他们的朋友来吃面，这是给你的奖励。"

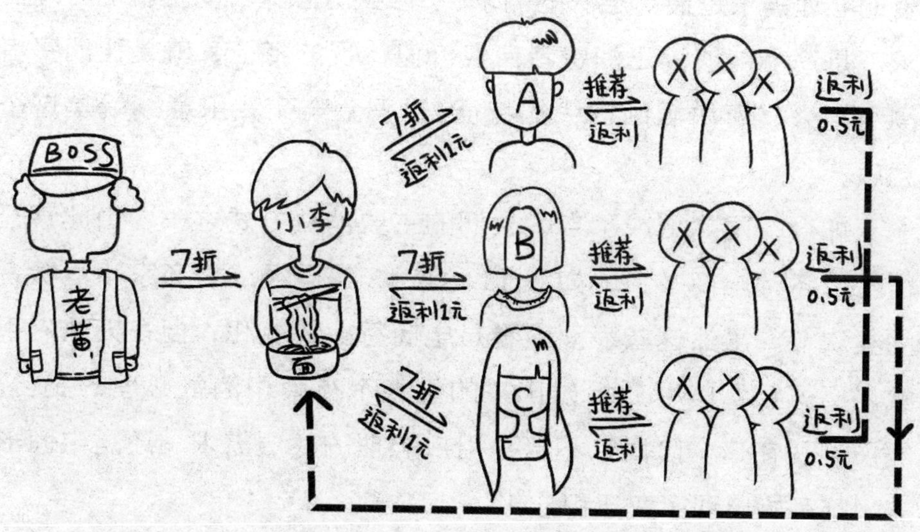

这就是微商的运作模式——从消费者到分享者再到代理商，也可以将其称为分享经济。在这一过程中，消费者的功用被发挥到最大，不只是完成商品流通的一环。从卖家的角度来看，分享经济使整个社会资源的利用更有效率。在现代社会，各种资源越来越稀缺，提倡分享往往更环保、更低碳、更有利于可持续发展。

不得不重视的消费心理变化

商品从生产到销售最终到达消费者手里，看似简单的营销活动实际上是一个相当复杂的问题，其中消费者的心理活动规律起着相当重要的作用。商家想要把自己的产品卖给消费者，就要把握住消费趋势及消费者的心理变化。有句名言是这样说的："消费者的心理需求是最高层次的需求。"什么意思呢？消费者的心理需求就是产品能够满足消费者自我价值体现的特征，就是让消费者高高兴兴、潇潇洒洒掏钱的特征。"千金难买我乐意"就是这个意思。

如今，网购变成了当下人们的主要消费方式之一，由此甚至衍生出各种电商节日，如双 11、双 12 等已经成为商家和消费者的狂欢节。虽然这些表面上看是电商行业的变化，但在无数剁手党"买买买"的背后折射出来的是整个社会和消费心理的变化。发展到现在这个阶段，不管是用户心理的底层需求，还是电商形式，都开始出现了变迁和分化。

消费的三个阶段

第一阶段，2000—2010 年，价格战、电商萌芽和发展。这个阶段电商之所以萌芽并发展，和当时的社会发展有密切关系。在这个阶段，全国性的城市化开始，很多用户群刚刚到达大城市或刚刚站稳脚，开始尝试一些新的生活方式，但可支配收入相对有限。这个阶段最典型的代表平台是淘宝。这点马云自己也有清醒的认识，马云在一次演讲中曾说：“假如生产厂家在价格战中没有利润，甚至是亏损经营，厂商们是不可能提供后续服务的，更不可能对消费者有持续创新。”

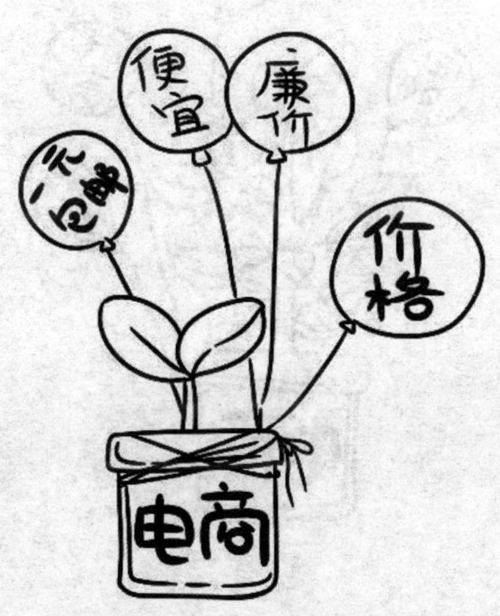

在这个阶段，电商刚刚进入人们的生活。电商在用户心目中成了廉价的代名词，人们坚定地认为只要是网上买的东西就应该是便宜的。用户消费的主要指标就是价格，越便宜的东西越受欢迎。廉价优先，质量其次，价格成为整个行业发展的驱动力。所以，1 元包邮等模式爆发了。

第二阶段，2010—2014 年，大投放，鼓励消费。在生猛的价格战之后，人们对电商的认识逐渐成熟，发觉永远没有物美价廉的商品。于是，品牌意识逐渐苏醒。价格不再是关注重点，名气当头，质量其次。相关的厂商越来越发现，纯粹的价格战最后只会自相残杀，一片狼藉。广告成为整个行业发展的驱动力。所以，代言、广告等爆发了。

越来越多的商家不断通过投放大量广告和进行促销活动，获得更多关注和曝光度，拉动商品的销售。在加大广告投放力度后，短期之内的流水增加证明这种模式是有效的。这导致厂商越来越依赖投资，越来越依赖广告和促销。很多企业会不断通过增加团购量、买广告位、找明星代言来拉动销售，但大部分利润最后被广告商和明星拿走了。

在这个阶段，城市化急剧加快。早期的电商用户群在城市基本稳定下来，并获得一定或可观的收入，消费者更看重品牌。典型的代表平台是天猫和京东。

第三阶段，2015 年至今，行业分化，回归人性。价格战和广告战之后，用户关注的不再是价格或名气，而是回归产品的设计和品质，强调产品体验；部分厂商和平台走的不是价格路线，也不是靠广告和明星，而是走品质路线，强调生活方式，以符合消费者的心理和需求。在这个阶段，一、二线城市化基本完成。大城市的年轻人用户群逐渐成为消费群体，他们更加明确自己的消费需求，也相对务实。

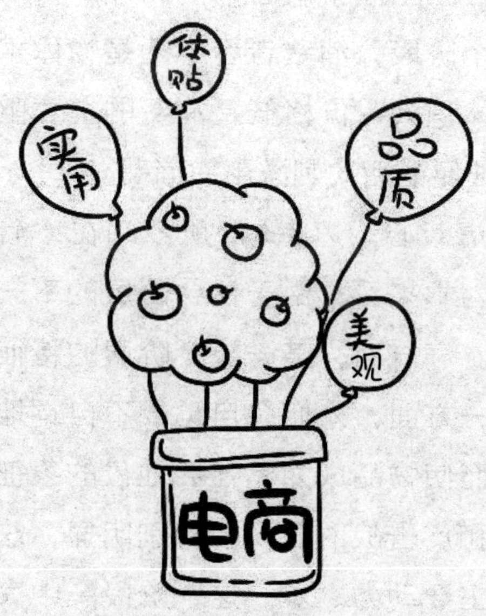

在这个阶段，产品从物到人，回归到人性的真实需求，不是靠浮夸的设计、土豪的颜色、明星的摇旗呐喊来吸引用户，而是真正的实用，简约美观，逐渐地抛弃了那些无用的强加的所谓的高价值。这个阶段的代表平台是网易严选。

电商从物到人的进化

第一阶段开始朝着第二阶段，第二阶段朝着第三阶段进化时，并不意味着前面两个阶段会完全消失，而是混杂在一起，但随着社会的发展和演进，第三阶段的消费特性会越来越明显。在不同阶段，电商产品和消费对用户需求发挥的作用并不一样。电商基本上完成了从物到人的进化。

第一阶段是功能性。这个阶段的商品必须满足用户的功能性需求，是人们生存或生活中所必需的用品，如工具、食物等基础性的商品。在这个阶段，消费者看中的是物体本身，强调的是可用性。数量多、体积大、价格低是消费的主要驱动力。在这个阶段，平台通过各种促销活动刺激用户消费。

第二阶段是虚荣心。迈克尔·所罗门在《消费者行为学》里指出，从消费行为学来看，由于社会阶层的不一样，人们的消费行为也相差很大。一方面，某一社会阶层的特征会固化这一阶层的消费方式。另一方面，人们会自觉或不自觉地购买反映其社会阶层的物品，从而使物品成为其社会地位的象征。这种现象尤其是在电商品牌战和广告战时表现得特别明显，炫耀性消费成为购买的动力甚至是主要动力之一。这个阶段集中表现为本土品牌的爆发，尤其是那些取着各种英文名字的本土制造品牌。

第三阶段是愉悦感。消费不仅是花钱，更是一种生活方式。从物到人的回归是通过消费展示自己的品位和审美。这一阶段电商强调品质和服务，回归到消费者本身，关注人和人性的底层需求，而不是一味地鼓励消费者花钱。

日本剧作家山崎正和在《灵活的个人主义的诞生》里说，物质欲望带来的满足感仅建立在未得到满足的阶段，一旦得到了满足，那么一瞬间满足感就会消失。他强调从一味地鼓励消费到主动提示用户节制和适可而止，从而把电商平台和用户之间的关系从物到人进化成人和人之间的关系。网易严选有一个 3 件生活美学的概念。所有的用户购买 3 件以内的商品打 8 折，从第 4 件开始就恢复原价，强调用户应该对自己需要的东西精挑细选，而不是因为促销选择一堆自己不需要的东西。这就是服务，而不是简单地以商品出售为目的。

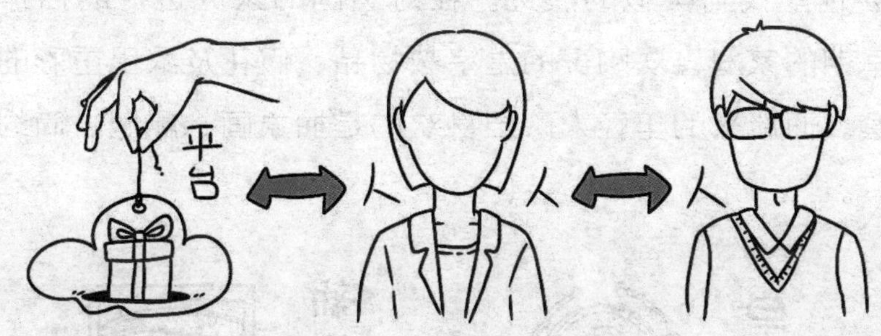

消费背后的人性关怀

沃尔玛曾经对不同消费者做了一个关于品牌、金钱的态度调查，包括食品、家居、服装等。

消费者对金钱的态度和钱的多少不一定成正比，这是一种心理状态。随着社会的发展和物质的丰富、收入的增加，消费品的消费差别逐渐减小，以往只有富人买得起的一些商品，现在普通人也能买得起。但是，不同的阶层消费导向和心理需求是不断变化的。

随着社会的变化和自我阶层的调整，消费者的品位文化也会产生流动性的变化。从消费者群体来说，可根据审美和兴趣偏好对其进行区分。不同的社会阶层在消费选择上有微妙的差别。

类似于王室、皇室、贵族、富豪等所谓的“高端”消费和理念曾一度火热。冯小刚还特别发过一条微博，调侃北京的房地产动不动就用皇室或巴黎左岸等名字装高贵。但是，在80后、90后成为消费主力后，由于市场的教育和消费意识的进化，消费者看重的不再是“大、多、贵”，而是类似无印良品、网易严选等符合自己生活和品位的简约而有美感、实用的物品。同样，在美国社会也能找到类似的痕迹。在对美国的家庭进行的抽样调查中，早期的家庭喜欢购买的是宗教物品、假花及浓墨重彩的地毯和椅套。而新兴的年轻人阶层喜欢的是抽象画、雕塑、简约的现代家具。

根据相关报告，按 5 万美元到 50 万美元的财富标准，中国的中产阶级人数在 2015 年已经超过 1 亿人，而且这个数字还在不断地扩大。在中国，新兴的中产阶级及其家庭成员需要的是同时满足品质与服务要求的电商，而不是简单的商品销售。这个阶层呈现的消费能力惊人，根据最新财报显示，网易 2018 年第一季度电商业务净收入为 37.32 亿元人民币。

日本著名学者三浦展在其研究日本消费的著作《第四消费时代》里写道:“有这样一个社会，人们追求的不是经济高速发展和效益最大化，而是享受简约的生活方式。人们不再简单地认为购物使人幸福，而是问什么才能使人真正幸福。这就是第四消费时代。”

思维升级是核心

我们正处在互联网时代，用互联网思维来武装和升级自己无疑是必要的，这相当于带上了一把锋利的宝剑，以此便可以高瞻远瞩、运筹帷幄，用布局产品的策略在浩浩荡荡的市场浪潮中脱颖而出。

什么是互联网思维

通俗来说，互联网思维就是运用互联网来做自己的事业，规划一下怎么把商务活动放在互联网上，这是最初级的互联网思维。在这种思维的影响下，人们的生活方式正在潜移默化地被改变。

互联网早已走进千家万户，成为每个人不可或缺的生活必需品。如今，智能手机几乎人手一部，“低头族”日益庞大，每一次“低头”刷朋友圈、使用地图导航、进行手机阅读，都是一次人与移动终端的交互。任何人在任何时间、任何地点都能实现时刻联网、实时互动，这是移动互联网的存在形态，也是互联网希望能够构建的形式。

显然，身处这样一个互联网时代，断开网络就好比与世隔绝，人们能做的就是用一个新的思维去拥抱这个新的时代。对个人来说，思维需要升级，对企业来说更应该如此。

李彦宏举过一个例子：“我跟优卡网的CEO聊天，他把很多时尚杂志的内容集成到网站上，我就问他，为什么这些杂志不自己做一个网站，而让你们去做呢？其实，更主要的是他们没有互联网思维。”张瑞敏说：“全体海尔人的传统思维方式都要改变，变成互联网思维。”雷军也说：“小米至今不是因为营销而成功，而是互联网思维的胜利。”当然，营销也是小米成功的一部分，但更多的要归功于小米运用互联网思维中的产销合一思路，通过粉丝经济学让更多的人拥有参与感。这便是一个典型的运用互联网思维的例子。

现在，我们来明确一下互联网思维究竟是什么。在移动互联网、大数据、云计算的背景下，要对市场、用户、产品、企业价值链乃至整个商业生态进行重新审视与思考，因为“生产力决定生产关系”。在这样一个以大数据、云计算、移动互联网为代表的生产力背景下，企业发展和组织模式必然会随之发生改变。这种改变包括对市场看法的重塑，需要了解市场的动态及市场的喜好。例如，很多人把互联网作为销售渠道，那么就需要明白市场赢家通吃的规律；对客户认知的改变，即对客户要极为尊重，要敬畏消费者，强调用户体验；对产品的改变要注重痛点，打造让用户“尖叫”的产品，能够切实地帮助用户解决实际问题；对企业的价值链的塑造要通过大数据的战略方式，用数据说话，这是整个商业生态要注入的互联网因素，是互联网思维的基本模式。

这里涉及一个小小的概念——痛点。顾名思义，痛点就是用户在正常生活中所遇到的问题，如果这个事情不解决，他就会很痛苦。因此，他需要找到一种合适的方法来解决这个问题，以回归到正常的生活状态。

例如，一个本来喜欢吃香辣火锅的美食爱好者很可能因为怕上火而不敢吃了，这会影响他的食欲，影响他正常的生活所需。王老吉发现了这个普遍存在的问题，然后名正言顺地提出："怕上火，喝王老吉！"此举大获成功！

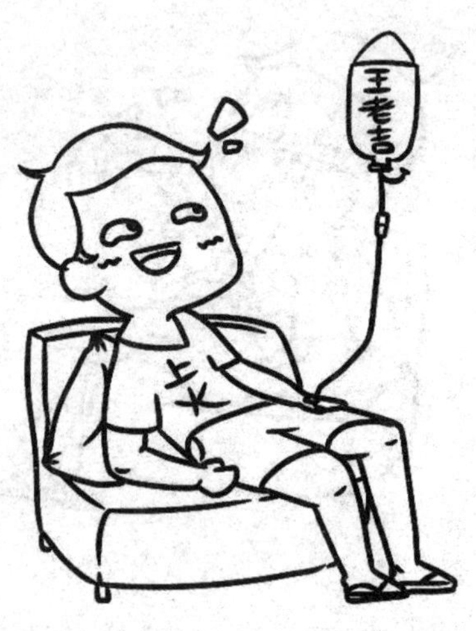

又如，360 安全卫士为什么能成为互联网安全领域的老大？不只是因为它免费，更关键的原因是它解决并维护了"电脑安全"的问题。一个"安全"胜过N个"杀毒"！

所以，消费者在生活中所担心的、纠结的身心健康问题就叫痛点。我们要做的就是发现某个问题，然后解决它，最后堂而皇之、义正词严、毫不客气地提出来，告诉消费者：我能帮你解决这个问题，如果你有这个问题，就选择我！

思维升级的核心是以用户为中心

在互联网思维的几个特征中，排在第一位的是以用户为中心这一特征。

科学社会强调“以人为本”，互联网信奉的是“一切以用户为中心”，也就是说，你就是围绕在用户身边无微不至的服务者，用户想要什么，你就提供什么，用户还没想到的你也要替他们想好，他们需要的时候，你随时可以提供。互联网消除了企业和消费者之间的信息不对称。在实时连接、随时互动中，一切信息都是公开的，用户不仅有选择权，还有评价权，这些选择和反馈的信息又将影响其他用户的行为。因此，照顾好用户，不仅要让他们选择企业的产品，还要让他们满意，提升企业的口碑，让更多的用户一起来用企业的产品，这是需要不断努力才能达成的目标。如何让用户选择并让他们认同是企业需要思考的问题。

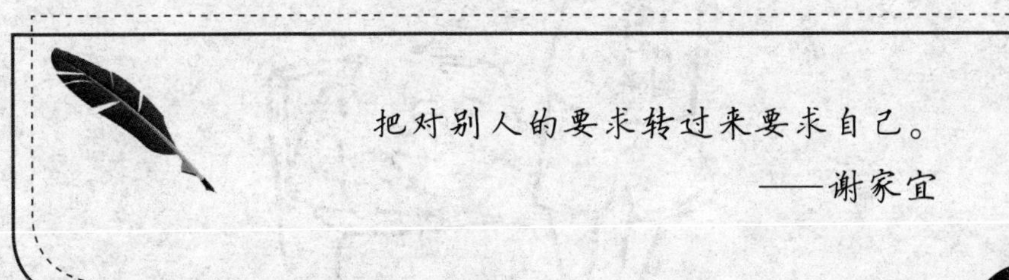

传统企业的旧思维模式强调的是“产品为王”。企业与企业之间相互竞争，在不同的品质水平、不同的价位区间推出产品，供用户选择。“山寨”生产者看到同类企业推出了新产品，便去模仿、复制，只为获取更丰厚的利润，他们没有真正站在用户的立场上，考虑真正应该为用户解决什么样的问题。随着互联网的发展，用户获得的信息越来越广泛，需求越来越多样，单纯以自行生产、配之以大量广告推销的方式很难获得用户认同，此时企业需要深度理解用户的需求。无论是对市场定位、产品研发而言，还是对生产销售、售后服务而言，用户都是产品的体验者，而不是指导者。他们只会做出一个评价：好或者不好，他们也只会做出一个行动：用或者不用。他们很少告诉你为什么不好、应该如何改进。在这种情况下，互联网思维就要求企业思考用户的需求是什么、用户不满意的地方在哪里，抓住用户的痛点，让用户由“痛”变得“痛快”，才能获得用户青睐。

企业不仅要让用户选择，还要让用户认同、给出好评，这样才能积攒口碑。以往的企业销售策略是制造一个噱头，通过诱人的宣传、请大牌明星代言，博取众人目光，获得不俗的销售业绩。如今，在互联网时代，你给我一个假货，我便给你一个差评，你态度恶劣，我就给你打零分。反馈的成本如此低，低到了只需要用指尖打打字便能完成。人们在消费选择时也更加注重他人的评分，评分高、信誉好的商家，客户更愿信任；评分低、差评不断的商家，客户甚至都不会点击进去。结果是好的店铺人们趋之若鹜，差的产品逐渐淹没在人们的差评中。如此一来，口味差的餐厅无人光顾，服务不好的酒店入住率低，粗制滥造的电影票房惨淡，剩下的便是被市场接受的优质产品。用户的满意度成了商家不懈的追求，用户的好评是商家期待的收获。这便是不仅让用户“选择你”，还要让用户“满意你”的效力。

如何让用户满意？倘若一款产品是用户参与设计的，用户必然在其中投入了情感。“参与感”一词如今非常火，正如雷军所说的，小米销售的是参与感。人们加入产品的设计群，对产品提出自己的意见，参与的人成了设计者，日后自然就是产品的购买者与拥护者，对产品的归属感便是在这个过程中不断积累的。以魅族为例，在开发与设计阶段，总经理黄章会在论坛上调查，询问网友们喜欢的手机颜色、按键的设计、内置的软件等。魅族粉丝们不是被动地接受一款产品，而是亲自参与产品开发的各个环节，仿佛是在定制一款个人专属的手机。在魅族研发 M8 手机期间，互动社区在最高峰时段有超过 140 万会员，每天有超过 1 万人同时在线。群策群力的结果自然是这款产品一路凯歌，推出后市场占有率高居国内同行业第一，甚至被网友评为“国产机皇”。

在以上介绍的选择、认同、参与感中实际上最重要的是以用户为中心，即迎合用户。平台的价值在于连接的数量，因而用户的数量很重要。那么，如何迎合用户呢？在互联网产品中，免费是获取流量的重要方式，是迎合用户的一大策略。例如，360 杀毒软件的免费推出改变了中国软件市场的格局，之前瑞星、金山等杀毒软件靠收费盈利的模式被全盘颠覆。360 杀毒一经推出，其市场占有率很快便飙升为全国第一，并实现垄断，这一战绩与其免费战略分不开。然而，很多时候免费还不够，还需要补贴，补贴客户进而做大平台的例子在互联网时代比比皆是。当然，要想真正抓住粉丝群体的心，还要靠心灵的互动，更多地跟粉丝群体进行线下互动是行之有效的做法，如见面会、登山会等互动可以扩大粉丝的数量，把粉丝培养成“死忠粉”，进而带来巨大的影响力和经济价值。

互联网思维的升级目标——专注、极致、口碑、快

雷军说，互联网不是技术，而是观念和方法论。互联网的七字诀是专注、极致、口碑、快。

互联网时代要注重提升口碑。因为在互联网时代网络产品成本低，供过于求成为常态，所以需求变得越来越重要。平台的价值在于客户的数量，产生的连接数量跟客户进入平台的数量密切相关。所以，企业一定要有好的口碑，让更多的人使用你的平台。

在互联网快速迭代的环境下，企业一旦发展慢了，就会被别人甩掉。所以，企业必须发展得快。以 O2O 软件为例，这个市场蛋糕巨大，一时间吸引了很多企业涌入，初期市场上同质化产品屡见不鲜，竞争相当激烈。此时，除了产品自身的用户体验外，比拼的是快，谁先将服务在国内扩展，谁便有了更广阔的覆盖面，能获得更多的用户，取得更高的关注度。正如红杉资本中国创始

合伙人沈南鹏说："互联网可能是一个快鱼吃慢鱼的行业，小鱼未必一定会被大鱼吃掉。"要做一条快鱼，就必须在技术和行业模式上有所创新。

大众点评最初是在上海试运行，取得不错的效果后便向北京、杭州扩展，接着迈向更多的城市。如今，不仅国内可以使用，去国外旅游也可以用大众点评找到需要的商家，覆盖面广泛，发展速度惊人。此外，2010 年 3 月 4 日，王兴创建美团网，5 月 4 日，上海站上线，5 月 6 日，武汉站上线，7 月 26 日，西安站上线，8 月 2 日，广州站上线，10 月 19 日，无锡站上线，10 月 22 日，南京站上线……在这样的发展速度下，美团的服务很快铺遍了各个城市，为成为团购行业的龙头打下了坚实的基础。唯快取胜在互联网时代格外重要。倘若优哉游哉地扩展业务，当业务成熟时，蛋糕早已被瓜分得差不多了，回头再想奋力弥补为时晚矣。

当然，如果仅注重速度，而不注重产品的质量，那么用户来得快去得也快。这就要求企业专注地做产品，将产品做到极致。所谓的极致，便是把一件事做到完美，注重每个细节，在现有条件下做到最好。任何产品的宗旨都是满足用户需求，使用一件极致的产品可以称为一种享受。只有做到极致，才能淬炼出精品，精品才能赢得口碑，实现良性循环，进而赢得更多的用户。在传统领域，说到饮料，我们想到的是可口可乐和百事可乐；说到快餐，我们想到的是麦当劳和肯德基；说到体育用品，我们想到了耐克和阿迪达斯。在互联网时代则不同，提到网购，想到的是淘宝；提到社交，想到的是微信；提到搜索，想到的是百度。这便是互联网"只有第一，没有第二"的规则。消费者用习惯了一款产品，上面包含他的账户信息、消费历史、社交网络，换一个平台意味着一切重新开始，步骤烦琐，成本高昂。将一个产品做到极致，是为了让它在用户的脑海里留下痕迹，让用户忘记其他同类产品。

如何将产品做到极致？与其说是做一款让人尖叫的产品，不如说所谓的“极致”就是在每个环节都替用户往前想一步，让用户有非常好的体验便是成功。如果说做一款极致的科技产品的技术门槛太高，那么在服务中做到极致则是注重每一个微小细节。提到“三只松鼠”，许多人并不陌生，它是中国目前最大的互联网食品品牌，其坚果系列的销量位居全网第一。成立于 2012 年的三只松鼠在 2013 年取得了惊人的成绩，销售额达到了 3 亿元，其中仅双 11 一天就卖了 3 562 万元。这样的销售奇迹的背后是极致的服务体验。选择商品的时候体验就开始了：与你交谈的是一只叫你“主人”的松鼠。这种体验很新奇。在点击购买之后等待快递的时间内，它会给你发短信“松鼠已经火急火燎地把主人的货发出来了”，让你觉得即使付完款了，商家也在随时关心你快递的动态。当你拿到包裹后，你会发现封口夹、试吃装、擦手的湿纸巾甚至装果壳的垃圾袋都在里面。所有的细节三只松鼠都已经替你考虑周全。三只松鼠不仅将服务体验做到了极致，还在产品研发上费尽了心思。三只松鼠通过数据分析，发现北京的消费者更喜欢椒盐味的腰果，而上海的消费者更喜欢奶香味的。如此一来，通过将口味研发与地区定位精准地结合，三只松鼠获得了源源不断的好评。

雷军说：“极致就是干到你能力的极限，不专注的话，你就做不到极致。”专注地做产品，把产品做到极致，有着坚定踏实的品质、精益求精的追求，才能积攒良好的口碑，快速发展，不断壮大。这便是专注、极致、口碑和快在互联网时代的魅力。

营销就是生意，未来的营销，不需要太多的渠道，让你的产品进入消费者的手机就是最好的营销。

——谢家宜

第二章　先定位，后做事

动手之前想想你的企业定位在哪里

消费者在购买某类别的商品时，优先想到并选择的是该品类中的代表品牌。例如，买碳酸饮料，先想到的是可口可乐；买高端智能手机，先想到的是 iPhone。因此，企业必须让自己的品牌在消费者的心目中成为该品类的代表品牌。这是最常见的“营销定位”。

做企业，第一步就是要定位，即确定“你是谁”以及“做什么”。只有找准了定位，才能积聚资源，定位不明确，势必做不到专注，做不到专注，就不可能成功。

企业定位的“定”

“定位”理论的一大成就是把营销的重心由“物质功能”转向“用户心智”，直指购买端。其实简单来说，企业定位就是你希望用户如何用一句话介绍你的品牌，或用户在什么样的需求场景会想起你的品牌。

由结果来倒推，一个完整的定位必须能够清楚回答下面四个问题：目标用户（to who）；提供什么（offer what）；有何不同（why should buy）；如何证明（how to approve）。

因此，一句优秀的广告语最好能够把上面前三个问题都涵盖。

比如，“最受大学生欢迎的篮球鞋品牌”，目标用户是大学生，提供的是篮球鞋，有何不同是“最受欢迎”；“怕上火，喝王老吉”，目标用户是怕上火人群，如熬夜或喜食重口味的年轻白领，提供的是凉茶，特点是消除上火。

定位理论将用户认知作为营销工作的核心，这是一次革命性的营销认知的升级。换言之，重要的不是“你有什么”，而是“用户认为你是什么”，是“用户在什么场景下能够想到你”。由此看来，定位是战略级的基于品类且对用户有价值的差异化。

首先，只有具有能满足用户需求的特点，才能打动用户的心。例如，国际著名跨国汽车租赁公司 Avis 的定位，有人认为它的定位是“排名第二的租车公司”，可是“排名第二”是一个没有价值的差异化，实际上 Avis 的定位是“排名第二因此更努力的出租公司”。再如，三精葡萄糖酸钙，有人把“蓝瓶的钙”当成定位，其实这只是定位的视觉表现而已，这个定位的核心价值是“孩子要补钙 + 好喝的钙”，在此基础上，依靠有标识性的蓝色包装和朗朗上口的广告语言描述“蓝瓶的钙，好喝的钙”，把产品定位牢牢地打入用户心中。定位领域把标识性包装和语言描述分别叫作视觉锤和语言钉，是不是很形象？

其次，定位是基于品类进行的。许多人谈起品类，会想到商超的产品品类。可是商超的品类是为了便于产品归类而设定的，而定位中提到的品类划分的依据是用户的需求，其实品类是用户能够感知到价值的产品或服务的划分方式。恰当的品类需要符合三个条件：第一，用户能够在某些清晰的场景下想到这个品类；第二，该品类对应的目标用户容量能够支持企业未来较长一段时间的业务发展；第三，对于该品类而言，企业有至少一项竞争对手难以快速抄袭复制且目标用户认可的、有价值优势的特征。这三个条件中的第一个是确保用户能够想到该品类，一个不被用户记忆并想起的品类是没有意义的。在此基础上，第二个条件是确保企业选择该品类后能够活下来。第三个条件是确保定位能被用户认可和接受，保持一定时间的竞争优势。

下面以江小白为案例来看产品和品类定位。说到江小白，可能大家马上会想到那一句直达内心的文案——陌生人分两种：不认识的和假装不认识的。江小白的成功绝对离不开两个因素，即市场定位和受众人群定位。在市场定位上，江小白直接定位于时尚青春群体，以青春的名义，着力于传统酒业的品质创新和品牌创新，让中国酒业更加年轻化、时尚化、文艺化。在人群定位上，江小白主要目标人群为一线、二线、三线城市的中上阶层消费者群体，80 后和 90 后新青年，以简单、纯粹的生活态度吸引热爱生活的文艺青年。虽然在价格上，江小白比一般大众型白酒高，但是由于市场和受众人群的定位不同，追求青春和文艺的年轻人群更偏向于价位稍高的江小白，它已经成为年轻人群的诉求对象！

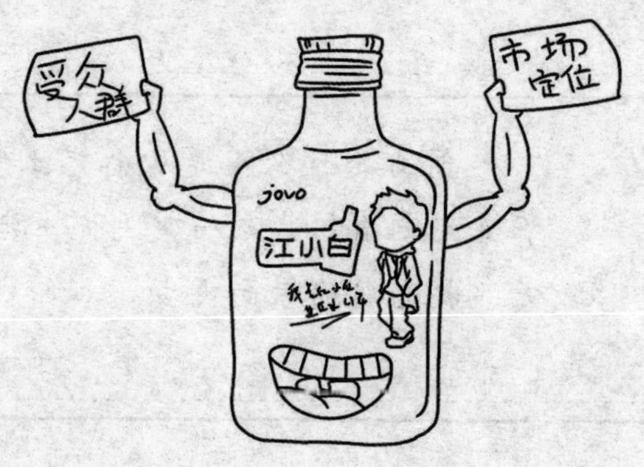

最后，定位是战略级的。在广告领域有一个术语叫“独特卖点 USP”。USP 是战术级的，不妨将其理解为每个具体广告文案强调的核心卖点。比如，谷歌搜索广告可以把 USP 定义成“搜索最快最准”，也可以定义成“什么都能搜的搜索引擎”，但是谷歌搜索的定位是 No.1 Search Engine。

有了定位之后

每个理论都有其适用的范围，一个企业有了自己的定位并不代表就万事大吉了，定位理论还不足以解释企业营销过程中的成败转换。定位特别适合初创企业，恰当的定位能够让企业获取营销资源，更有效地进行营销工作，但是千万不要认为定位是战无不胜、攻无不克的法宝。

对于企业来说，定位仅是万里长征的第一步，有了定位，还要能够定得住。确定定位策略以后，企业必须投入所有的资源，让用户接受和认可定位。定位不是先到先得，即便两个企业选择同样的定位，哪个企业更努力，更被消费者认可，哪个企业才是最终的赢家。许多领域的先驱最终都成了先烈，被历史遗忘。

创业是什么？是从悬崖上跳下来，在落地之前组装好一架飞机，然后驾驶着飞机向新的方向飞去。

——谢家宜

在中国 IT（信息技术）业刚起步时，很多 IT 企业都根据自己的特点，将发展目标定位在自己擅长的某个细化领域。比如，第九城市以门户网站为主；盛大走代理《传奇》网游这条路；马云创立的阿里巴巴专注于电子商务。几年后，他们都取得了不错的成绩。第九城市成为门户网站的翘楚，盛大称霸中国网游市场，马云的电子商务也风生水起。但是，当企业面临继续发展的问题时，第九城市与盛大选择了转型，开始调整定位，选择了多线发展之路，将业务伸向更广阔的自己并不熟悉的市场。第九城市在做门户网站的同时，学盛大进军网游市场，盛大则向第九城市的领域扩张，收购了新浪、起点等门户网站。只有马云的阿里巴巴仍"一根筋"地在电子商务里不断摸索。

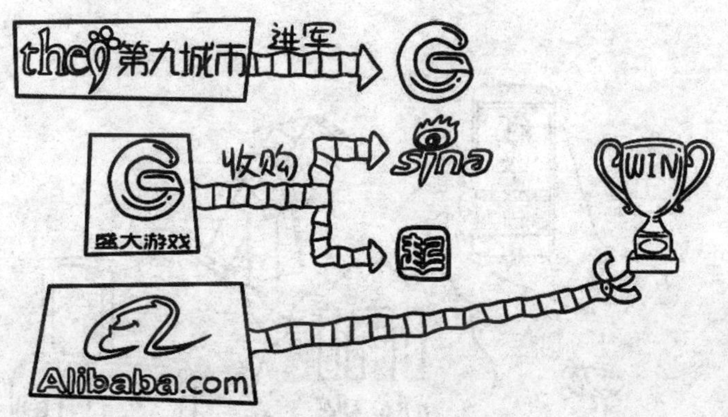

很多企业在创业初期是有自己的明确定位的，只要定位合理，都会有较好的发展，而关键问题是能不能做到专注于自己的定位。以上三家 IT 企业开始都很顺利，但后来第九城市和盛大选择了转型，基本放弃了最初的定位，这两家企业也无奈地失去了行业翘楚的地位，只有"专注"的马云一直没有改变方向，缔造了阿里巴巴这一令

世界瞩目的商业神话。三个 IT 企业的不同命运生动地说明了“创业初期做不到专注就不可能生存下去”这句话的现实意义，值得所有初创企业深思。

这里要提醒的是定位中的“专注”不等于“单一”，定位明确的企业也可以走多元化发展的道路，这样的运营模式叫“品牌延伸”。品牌延伸至多领域不是什么新鲜事，维珍、三星、雅马哈都有很多根本挨不着边的品类，做瑞士军刀的 Victorinox 也做箱子、手表甚至香水。除了上面所举的案例，还有中国人特别熟悉的无印良品、小米。以小米为例，它的品类非常丰富，许多品类都有自己的品牌，如小米的“九号平衡车”、千元的红米手机等子品牌。目前，许多生态链品牌都有意识地归入“米家”这个生态链品牌下，可是大多数人记住的是“小米”，而不是“九号”。

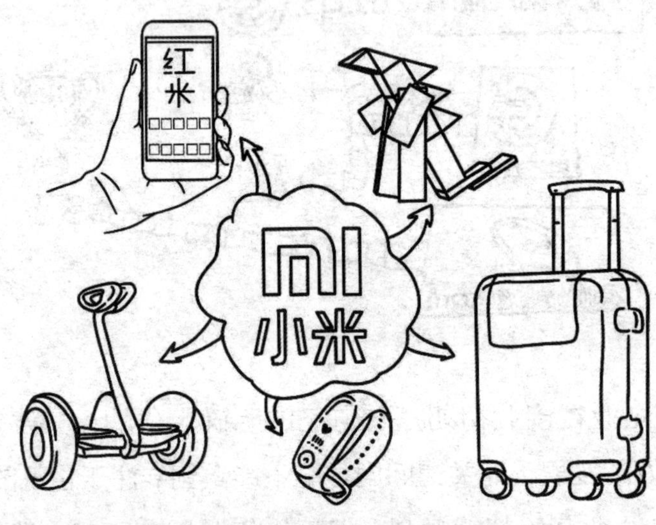

这些拥有众多延伸品牌的企业的特点是，它们对供应链的管控非常到位，能够确保所有品类具备高度统一的设计风格、产品

质量、价格定位等，每个品类只有 1 ～ 2 款单品，且目标用户群体高度统一，从而能对某一目标用户群体售卖多品类产品。

其实汽车行业就存在类似的情况，如果目标用户群很相似，品牌信息相同，就用同一个品牌 + 型号的方式覆盖不同品类的产品，如 Audi（奥迪）、BMW（宝马）、Benz（奔驰）。而如果目标用户群不同，产品卖点不一致，就会用不同的子品牌，如 Toyota（丰田）就有 Corolla（卡罗拉）、Camry（凯美瑞）、Land Cruiser（兰德酷路泽）等多个子品牌。

虽然“专注”不等于“单一”，企业在坚守最初定位的基础上可以通过不同渠道拓展自己的品牌表现方式，但是企业也要明确什么可以做、什么不可以做。

2016 年 11 月底，中粮集团宣布将中粮五谷道场食品有限公司 100% 股权及 5 367.9 万元债权挂牌转让，一旦交易成功，就意味着中粮正式退出方便面市场。据了解，自 2005 年以来，五谷道场在中粮入主后始终没有实现盈利。这并非中粮首次“处决”不良资产。中粮曾在其官网表示，在聚焦核心业务的同时，要推动非核心业务的混合所有制改革，淘汰非主业的不良资产。以全产业链布局著称的中粮集团已经下定决心做减法。

其实，无论中粮集团这样的大企业，还是我们身边的中小企业，进入良性发展以后，都很容易走上开拓新项目的道路，以增强企业的竞争力，而后又不得不因尾大不掉而进行精简和淘汰，这一过程让企业耗费了大量的时间、资金、人力成本，实力不足的企业很可能会失去在某个细分领域做到极致的机会。因此，一个成长期的企业要时刻记住：选择不做什么比选择做什么更重要！

好的定位成就企业品牌

这一点先从案例讲起。英国下雨是一件很常见的事情，几乎每个英国市民身上都带着一把伞，也正因为如此，世界上很多很棒的雨伞品牌都诞生在英国。对于英国来说，一把好伞不仅能遮风挡雨，还是身份和地位的象征。

市场的需求促使了众多雨伞生产商的诞生，英国有很多雨伞品牌，如 Tube、Brigg、Fulton 等。当然，激烈的竞争也会使他们的雨伞“各有所长”。也有一些品牌在消费者的心目中直接跟皇室挂钩，如查尔斯王子无论走到哪里，手里都会拿着一把 Brigg 伞，英国女王伊丽莎白一直钟爱 Fulton 的伞。

可是，为什么在中国一把雨伞需要通过一再降价来获得消费者的青睐呢？

提到雨伞，我们想到的第一个品牌应该是天堂伞。杭州天堂伞业集团有限公司是目前国内最大的专业制伞企业之一，“天堂”商标是中国驰名商标，产品质量和技术工艺代表了当今世界先进水平，在国内外市场享有盛誉。

一把天堂伞的售价是多少呢？

进入天猫旗舰店，按照价格从高到低排序，最贵的也只卖到 399 元；按照销量排序，多数购买者选择了几十块钱的伞。

而在英国，一把雨伞可以卖到 800 英镑，这是如何做到的？并且英国的雨伞有很多高端品牌，他们又是如何做到的呢？

“如果你想跟威廉王子用一样的雨伞，买我吧！”听到这个品牌故事，你想不想拥有一把同威廉王子一样的雨伞呢？这一句简单的广告语是如何精准地做到品牌定位的呢？一个日用品是通过怎样的路径打造成奢侈品的？如何在同质化竞争中，红海变蓝海，找准一个空位，杀出一条血路？

从定位的角度出发，不难看出，Brigg、Fulton 运用的都是定位理论差异化中的信任状这一个关键点：皇室御用。他们都是找到一个充分的信任状，或是名人，或是一个品牌故事，让高价成为差异化。低价卖的是产品，高价卖的是品牌！

品牌定位决定企业的生死，在当今这个风云变幻的时代，中国企业竞争的核心要素已经发生了改变，谁的品牌能够在顾客的心中占据最有利的位置，谁就能获得成功，反之，企业必将走向衰败。中国过去几十年的商战经历了三个阶段的变化。在改革开放初期，中国商战的核心是生产端，广东的企业凭借得天独厚的地理优势和政策优势，生产制造各种产品，迅速发展成为中国最富有且强大的企业。十几年之后，生产端逐渐成熟，商战的核心变成了渠道端，这时候福建人和浙江人通过铺渠道、打广告迅速成长起来。娃哈哈董事长宗庆后之所以成功，是因为他把产品卖到全国 250 万个网点，跟经销商联盟，建立了利益捆绑制度。在当今互联网经济的形势下，商战又发生了改变，渠道的作用越来越弱，电子商务重构了渠道，整个商战的核心在于赢得顾客的心。

在如今的商战形势下，企业经营的最大成本来自顾客的认知成本，所以克服人们长久以来的选择惯性、建立新认知是非常不容易的。最关键的问题是简单地说出差异化，即消费者为什么选择你，而不选择别人。

如何赢得顾客的心，这里有四种方法：一是洞悉心理，重建认知；二是占据特性，守住特性；三是聚焦一点，强势出击；四是开创新品，抓住机遇。

洞悉心理，重建认知。当行业没有领导品牌的时候，就要努力成为某一品类里第一个进入顾客心里的品牌。比如，神州租车在 2010 年开始做租车，前面已经有两位老大，一嗨租车约有 1 200 辆车，至尊租车约有 1 000 辆车，而神州大概有 600 辆车。神州租车相比之下既不专业，又没有先发优势，但它第一个赢得了消费者的心。神州租车集中火力聚焦最可能有租车需求的区域，本地租车注重公寓楼、写字楼，异地租车注重机场，打通这三个空间，有租车需求的人一定会看到，最后确立“要租车找神州”的概念，把神州和租车画上等号，直接封杀了其他品类。

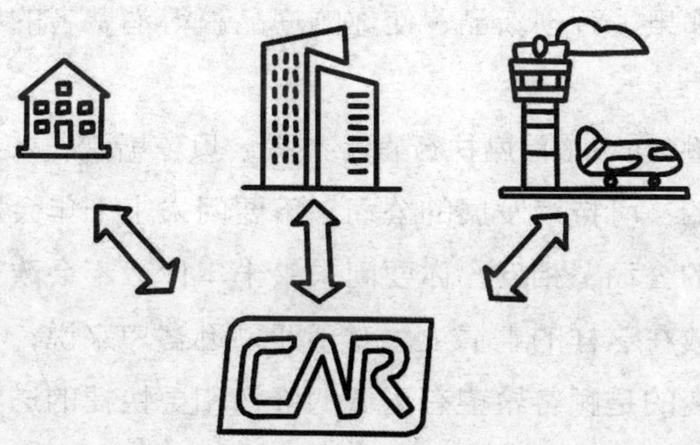

占据特性，守住特性。当你所在的行业已经有领导品牌了，就要寻找细分市场，占据特性。例如，老板的“大吸力油烟机”做了十年之后的技术品质已经跟德国西门子不相上下，西门子是世界五百强、世界著名品牌。老板说技术品质做得比西门子好是没有用的，因为消费者的认知不会改变，这时候老板承认西门子技术品质好，但是西门子油烟机适合西方人，而中国厨房炒菜油烟大，老板“大吸力油烟机”更满足中国消费者的需求。老板正是因为从竞争对手没有注意到的细分市场切入，占据特性，借力打力，所以马上超越了西门子，到西门子转型做大吸力油烟机的时候，这个词、这个特性已经被老板占据了。

聚焦一点，强势出击。Facebook（脸书）前身聚焦服务于校内学生的即时通信；虎扑体育前身聚焦于为篮球迷提供NBA（美国职业篮球联赛）第一手资讯；唯品会聚焦于“一个专门做特卖的网站”。这些企业都聚焦于一点，并且把这一点做到了极致，让顾客把品牌和这一点画上等号，再借势不断发展壮大。

开创新品，抓住机遇。在现代社会，新的市场模式和新的市场机遇不断出现，如目前大火的区块链技术和共享经济。在新的机遇下，如果能开创新品，使你的产品赢得消费者的心，则必将无往不利。

亚马逊CEO（首席执行官）杰夫·贝佐斯说，如果你想建立一个成功的、可持续发展的公司，不要问未来十年会发生什么可能影响你的公司，相反，你要问未来十年什么不会改变，然后把所有精力放在这样的事情上。对于亚马逊客户来说，贝佐斯预计将永远不变的是顾客希望有更低的价格和更快捷的送货服务。因此，亚马逊在过去的11年中为此进行了大量投资，有时甚至为此放弃暂时的利润。对于广大的企业来说，面对科技的快速发展，除了抓住顾客的心之外，还要抓住顾客不变的需求，并为此付出持续的努力，方能创造属于自己企业的一片天地。

CEO意味着什么

自从信息产业兴起以来，尤其是网络股泡沫产生以来，“CEO”在中国骤然成为一个流行词。总经理和总裁们纷纷改称CEO，这个缩写词比它的中译版“首席执行官”更简洁，在中国人心目中更有权威感，于是国内很多公司的职位出现了CEO的称谓。刚刚大学毕业的年轻人骄傲地在名片上印着自己是某家新公司的CEO，年营业额上百亿元的大企业的总裁也要求别人称他CEO，但大部分人并不知道这个英文缩写词的内涵。

先搞清楚CEO是什么

董事长、总裁、CEO，这三个公司领导者的称谓包含了企业管理制度的基础，与其说是权力的基础，不如说是义务的基础。如果权力变成了一种享受，甚至连权力拥有者的称谓都变成了一种享受，那真是糟糕透顶。

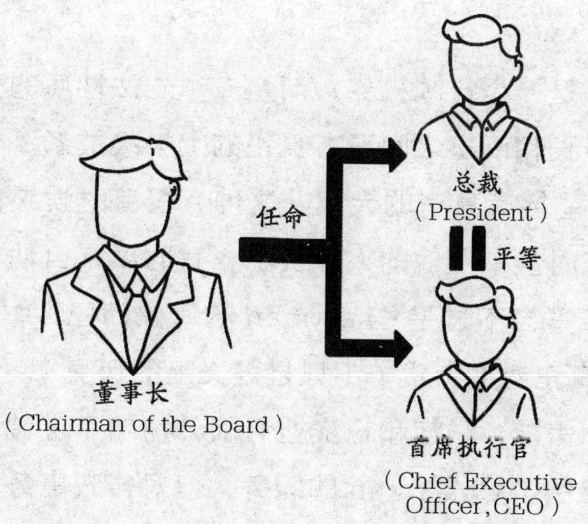

董事长的英文是 Chairman（准确地说是 Chairman of the Board），总裁是 President，首席执行官是 Chief Executive Officer，这是众人皆知的。但媒体并没有意识到这三个称谓的微妙差异，经常把 President 译成董事长或首席执行官，CEO 有时候又被译成总裁，情况十分混乱。

Chairman 这个职务可能是现代公司管理层最早确定的职务之一，因为它是股东利益的最高代表，理论上讲是公司管理层所有权力的来源。President 和 CEO 都由 Chairman 任命，董事会只能由 Chairman 召集，非例行的股东大会一般也只能由 Chairman 召集（或者由股东联名呼吁召集，这要看公司章程）。既然 President 和 CEO 都是由 Chairman 任命的，理论上讲 Chairman 也可以随时解除他们的职务。不仅如此，Chairman 可以随时解除任何人的职务，除了董事和监事，因为董事和监事不是公司雇员，而是公司的主人和仲裁人。因此，我们常常看到一位弄砸了许多事情的 CEO 被罢免，却依然保留董事职务，即使他没有多少股份，仁慈的股东往往也会允许他在董事会继续待下去。

董事会不是一个行政机构，而是一个立法性质的委员会，这就决定了董事长和董事之间没有真正的上下级关系。一位强大的 Chairman 可能拥有真正的大权，这种大权有时候来自他掌握的多数股份，有时候来自他的人脉资源，有时候来自他早年积累的威信，这时董事会不过是 Chairman 的傀儡而已，President 和 CEO 也必须真正对他负责（不只是名义上的负责）。比如，微软公司的比尔·盖茨、长江和记实业有限公司的李嘉诚，他们目前在公司都只保留了 Chairman 的职务，但对行政事务他们一样拥有最高发言权。但是，大部分公司的 Chairman 只是一种荣誉性职务，尤其是资产特别巨大、股权特别分散的公司，如通用汽车公司、美孚石油公司等，各大股东及行政人员的关系非常复杂，Chairman 只是一个德高望重、用来维持局面的“活人神”而已，除了召开董事会以外他没有任何权力（就连召开董事会都是应 President 或 CEO 的要求）。

但是，当 President 或 CEO 太嚣张，以至大部分股东一致决定将其罢免的时候，Chairman 经常是主导人。石油大王洛克菲勒的儿子小约翰 · D. 洛克菲勒就发动过一次非常著名的“宫廷政变”。那是在 20 世纪初期，小洛克菲勒是一家铁矿公司的董事长，总裁是洛克菲勒家族之外的人，总裁与小洛克菲勒产生了严重的冲突，最后小洛克菲勒不得不召开一次特别股东大会审议罢免总裁的议案。当时，小洛克菲勒掌握的股份只有 1/4，远没有达到左右大局的程度，但他出色地抓住了工人、行政管理者和小股东的心，最终以压倒性的优势罢免了桀骜不驯的总裁。2006 年，迪士尼公司的 CEO 也是这样下台的，对于一位资深经理人来说，被自己的董事长发动股东赶下台无疑是相当悲惨的事情。

President 这个词诞生的时间比 CEO 早，范围比 CEO 狭窄。被称作 President 的人，无论总统、总裁还是大学校长、委员会主席，都是有一定权力和社会地位的人，但 CEO 可以随便用在任何一个行政负责人身上。看过《兄弟连》的人都记得，E 连的战士甚至把连长称为“CEO”，连长的上级也称呼他为“E 连的 CEO”。对于一个清洁工小组来说，组长就是 CEO；对于一个极地探险队来说，队长就是 CEO，这个词没有任何荣耀的成分，只代表着某个范围内的最高执行权和与之相伴的义务。想想中国的总裁、总经理争先恐后抛弃 President 的称谓，视 CEO 为身份和地位的象征，难道他们不知道美国、英国的一个下级军官、一个职工领班都可以叫作 CEO 吗？

一般来说，在公司内部，President 是掌握实权的人。在 CEO 这个称谓没有诞生之前，President 几乎是唯一掌握实权的人。一个公司的创始人经常同时给自己加上 Chairman 和 President 两种头衔，但现代企业的所有者和管理者不是同一群人，再优秀的 President 往往也只占有很少的股份，一个小股东是不应该成为 Chairman 的。有时候大股东的力量太强大（比如，摩根、杜邦这些大财团是许多公司的大股东），以至于 President 成了股东利益的代表，公司的行政实权就落到了其他行政人员手里，如执行委员会主席、副总裁、财务委员会主席等，当然也包括 CEO。

President 沦为大股东代表的例子最典型的是 20 世纪 20 年代早期的通用汽车公司，当时通用汽车创始人杜兰特因为疯狂买空股票而被踢出公司，作为第一大股东的杜邦财团立即派遣了一位杜邦家族成员担任通用汽车的 President（注意不是 Chairman，在通用汽车的历史上 Chairman 一直是无足轻重的角色），直到赫赫有名的阿尔弗雷德·斯隆接任总裁为止。

事实上，西方的 President 在大部分时候与中国的总经理是一回事。总经理可以翻译成“President”，也可以翻译成“General Manager”，但后者在西方企业中不是一个常见的职位。中国企业经常同时设立总裁和总经理，如果把总裁翻译成 President，总经理就应该翻译成 CEO。President 和 CEO 在西方企业里经常合二为一，尤其是在中小企业，即我们所说的“总裁兼首席执行官”，你称呼他 President 或 CEO 都无所谓，你也可以在礼仪场合称呼他 President（强调身份和地位），在工作场合称呼他 CEO（强调执行权和责任）。

在少数情况下，董事长、总裁和 CEO 是同一个人，我们称为“董事长兼首席执行官”或“董事长兼总裁”（称呼“董事长兼总裁兼首席执行官”实在是太烦琐了，没有必要）。这种兼职大部分由公司创始人担任，如比尔·盖茨，有时候也因为公司的传统习惯，如韦尔奇，按照通用电气的传统，他同时担任董事长和首席执行官，而且不存在独立的总裁职务。

看到这里，大部分读者恐怕会有点头昏脑涨，既然 President 和 CEO 的职权没有本质的区别，而且经常是同一个人，那么为什么要把这两种职务分开呢？答案比较复杂：第一，因为某些大公司的行政事务过于繁重，一个人的精力是有限的，必须有两个地位平等的最高执行官；一家公司同时拥有两个优秀的领导者，有必要为他们安排平等的地位，所以 President 和 CEO 就由两个人分别来担任。第二，第二次世界大战结束之后，欧美国家公司的执行权发生了变化，演化为“重大执行权”和“日常执行权”两块，重大事件，如大政方针、重大人事任命和比较大规模的投资等属于“重大执行权”范畴，由 CEO 掌握；一般政策、一般人事任命和一般规模的投资等属于“日常执行权”范畴，由 President 掌握。如果说 CEO 是总理，那么 President 就是掌握日常工作的第一副总理，如果这两个职位不属于同一人，那么 CEO 的地位稍微高一点。

CEO 和 President 最早分开的著名例子发生在 20 世纪 60

年代的福特汽车公司。当时，福特三世邀请号称“蓝血十杰”之首的麦克马纳曼担任福特汽车的President，麦克马纳曼成为福特汽车公司历史上第一位没有福特家族血统的President。但是，福特三世并不想完全放弃行政权，因此他改称自己为CEO，与麦克马纳曼形成双头统治，这是现代企业历史上CEO职务流行的开始。

从那以后，公司最高执行权掌握在两个人手里变得司空见惯，有时候CEO对总裁有很大的帮助，有时候又是总裁乾纲独断。1999年前后，比尔·盖茨曾经任命一位微软公司总裁，但自己仍然保留董事长兼CEO的职务，许多媒体报道说盖茨“辞去”总裁职务，实际上盖茨只是把微软公司的总裁和CEO两个职务清晰地分开，并把日常执行权授予总裁。

Chairman、President和CEO这三个词的关系虽然错综复杂，但我们仍然可以把握其精神实质。简单地说，Chairman是股东利益在公司的最高代表，不属于公司雇员的范畴，President和CEO的权力都来源于他，只有他拥有召开董事会、罢免President和CEO等的最高权力，但他从来不掌握行政权力。一位Chairman如果不兼任President或CEO，就仅仅是一个礼仪职务、一个德高望重的代表，一般来说是某位大股东的代表。

President掌握着公司的日常行政权，既可以译成总裁，又可以译成总经理。President这个称谓代表的身份和地位比CEO高，因此经常用于礼仪场合。许多时候，President和CEO是同一个人，随便你怎么称呼他。但在许多大公司里，President和CEO是两个人，这时“总裁”和“首席执行官”才有严格的差异，有时候两者地位平等，有时候CEO是总裁的上级。

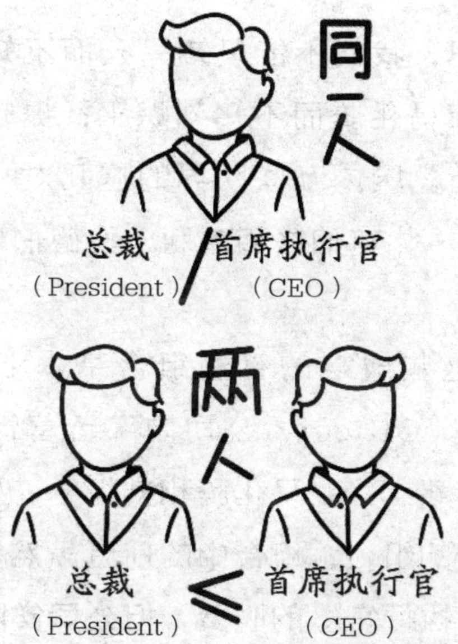

有时候 President 和 Chairman 一样，也成为一种无足轻重的礼仪职位，但至今从没有听说过 CEO 变成一种礼仪职位——除了在中国。在中国，无数的经理人疯狂地给自己加上 CEO 的冠冕，以为这就是跟世界接轨，就是拥有了最高的荣誉与地位，他们不知道，CEO 这个词在西方没有任何与荣誉和地位有关的含义。

CEO 是企业里负责“想”的那个人

提起阿里巴巴，我们不能只知马云而不知蔡崇信；提起腾讯，我们不能只知马化腾而不知刘炽平；提起滴滴，也不能只知程维而不知柳青。国内互联网界的这几对“黄金拍档”也像 Facebook 的马克·扎克伯格和雪莉·桑德伯格一样，成了合作无间的业界神话。

对比来看，这些成功的管理组合基本上都是 CEO+COO（Chief Operating Officer，公司内部运营管理负责人）的模式。不管是马云和蔡崇信、马化腾和刘炽平、程维和柳青还是扎克伯格和桑德伯格的组合，组合中的前者虽然是公司的最高领导人，背负着“首席执行官”的职责，但公司实际的运营管理和事务执行却是由组合中的后者（COO）负责的。

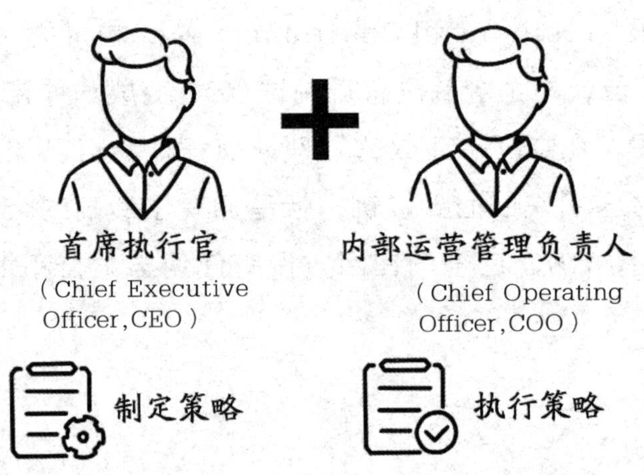

也就是说，在成功的互联网公司中，被称为“首席执行官”的CEO其实已经不负责执行了，执行的工作已经交给了COO（首席运营官）处理。既然“首席执行官”不负责“执行”了，他们在干什么呢？他们在做对公司长期发展来说更加重要的事：制定战略。

这个世界的发展越来越快，尤其是在科技和互联网行业，出现颠覆性技术的频率变得越来越高。对于公司来说，需要随时调整战略，以保证不被淘汰。在这种大环境下，CEO的工作就变成了每天满世界跑，不停地和同行业领袖、学术专家、各国政要交流，了解最新的技术趋势和政策导向，并将这些重要的信息带回公司，制定新的公司战略和执行方案，战略制定后就可以交给COO具体执行了。因此，我们现在看到的大型互联网公司流行的“CEO+COO”的高管架构，其实更贴切地说是一种“CSO+CEO”的模式，即公司现在的CEO的实际职责是CSO“首席战略官”，而COO的实际职责是CEO“首席执行官”，也就是说最高领袖负责制定战略，二把手负责公司内部管理和事务执行。

伤心、难过、委屈、解释、抱怨都是普通人的行为，王者就本该伤痕累累，心中只有一念：一路向前！

——谢家宜

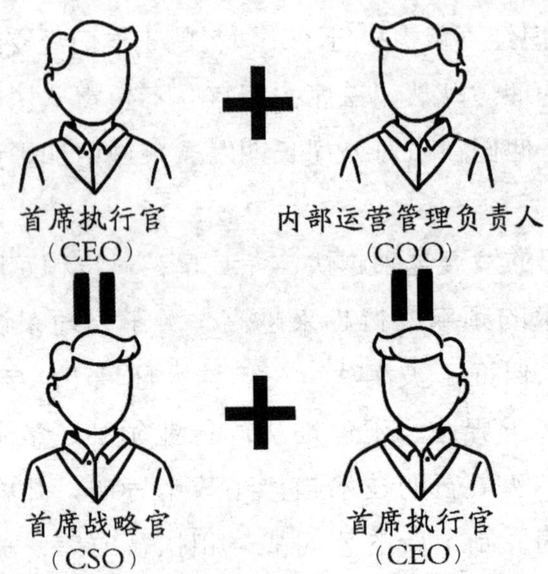

这种“CEO+COO”高管模式的一个很好的案例就是Facebook。如果你长期关注Facebook的高管活动，那么会发现扎克伯格更像首席战略官和CTO（首席技术官），他主要负责制定公司未来的技术目标并进行战略投资，而桑德伯格更像首席执行官，通过制定一整套销售和市场方案帮助Facebook迅速扭亏为盈、实现商业化并成功IPO（首次公开募股）。他们天衣无缝的配合让Facebook从一家被资本质疑的社交网站变成了利润率高得惊人的广告分发平台，2015年，Facebook的利润率高达44%，比谷歌2015年32%的利润率高12%。

当我们重新用宏观的角度思考这种公司管理模式时，我们将看到一种全新的“S（Strategy）+E（Execution）”的管理模式，即战略加执行的管理模式。首席战略官将成为公司的最高领袖，而首席执行官则是维护公司运营的关键人物。

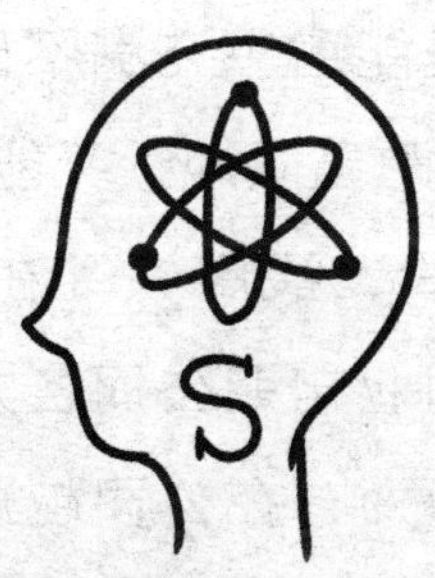

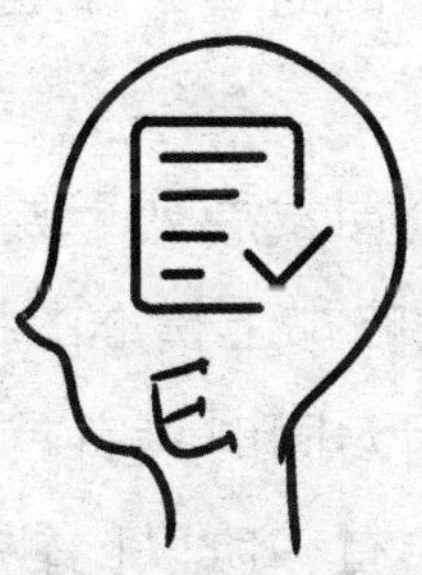

适合做首席战略官的人喜欢研究新事务，并且喜欢思考新事务在未来会给社会带来的影响。这些人通常喜欢充满不确定性的东西和 open-ended questions（没有标准答案的问题）。这些人喜欢大开脑洞，并且喜欢充满刺激的挑战。而适合做首席执行官的人必然喜欢“执行”这件事。他们享受完成一项任务，喜欢确定性和有规划性（有标准答案的问题），并且责任感极强。换句话说，他们是一群喜欢闷头做事的人。这样看来，能成为首席战略官的人和能成为首席执行官的人是完全不同的两类人，他们具有的性格特质也是大相径庭的。然而，如果你是一家创业公司的最高领袖，即“首席所有官”（Chief Everything Officer），理想中的你最好是个 CSEO（首席战略执行官），以上提到的两种充满矛盾性的特质你必须都有：你必须既能大开脑洞、天马行空，又能制订详细的计划；既能适应充满不确定性的环境，又能营造充满规划性的氛围；既能跑马圈地，又能勤俭持家。

从公司的发展阶段看，最高领袖在公司越早期越要具备首席执行官的特质，因为创业初期公司各方面资源都很匮乏，很多事情都要最高领袖亲力亲为；在公司越后期就越要具备首席战略官的特质，因为越往后发展，公司面临的同业竞争、市场瓶颈和政策风险就越多，最高领袖需要不停地根据形势调整公司的发展战略。

但不要忘记，不管公司发展处于哪个阶段，战略和执行都是分不开的，只有优秀的战略加上精准的执行才能给公司带来成功。从具体操作的角度看，因为同时具有首席战略官和首席执行官素质的独角兽型人才极为稀有，所以比较实际的做法是公司设立一个最高领袖和一个“贤内助”，如马云和蔡崇信、马化腾和刘炽平、程维和柳青、扎克伯格和桑德伯格这样“CSO+CEO”的组合。

老板只需干好一件事

阿里巴巴十八罗汉的故事你一定听说过，不管遭遇多少次失败，这些人依然围绕在马云周围，成了打不散的御林军。

1997 年，到处推销“中国黄页”的马云受邀北上，组建了对外贸易经济合作部下属的国富通公司。但对外贸易经济合作部希望国富通能够为大型国有企业服务，而马云希望支持中小企业发展。一年后双方分歧太大，合作失败。马云对员工说：“你们要是跟我回家二次创业，工资只有500元，不许打的，办公就在我那150平方米的家里，做什么还不清楚，我只知道我要做一个全世界最大的商人网站。如何抉择，我给你们三天时间考虑。”他们根本没有考虑三天，全都留了下来，最终成为江湖传奇。这个故事说明了跟对老板的重要性，也说明了选对人、组建好企业团队的重要性。

从马云这个“大老板”的案例来看，企业管理中老板只需干好一件事，那就是选对人、带好队。

选对人

作为十八罗汉中最后一个加入的人，蔡崇信当时是北欧最大上市控股公司——瑞典Investor AB（银瑞达）集团的亚洲区总裁，是真正的国际化人才，跟另外十七个包括马云在内的本土化人才完全不一样。但他跟马云第一次接触时，就觉得投缘，毅然决定放弃丰厚的年薪，选择500元的月薪，加入阿里巴巴创始团队。

也许在那个时候，蔡崇信就已经看出这个虽小但凝聚力超强的团队代表着时代的需求和未来的趋势。这种在土砾里发掘出黄金的眼光，成就了他如今“马云背后的男人”这样的美名。

身在职场，已经有很多人教过你如何“做事”，你也天天想着如何把手上的事做好，这并没有错。但有一点也许你想得很少，那就是“识人”。做事是创造价值，而识人就是寻找放大价值的杠杆。

识人不光是管理者必须掌握的，员工也要学会。许多初入职场的年轻人成天想的是“怎么学到东西”“怎么挣更多钱”，注意力都放在“事”上面。而职场“老油条”呢？他们从一个公司跳到另一个公司，从一个行业换到另一个行业，但恰恰忽略了一件事：那个叫作老板的人其实是塑造你职业生涯的最重要角色，也许还能成为改变你人生的那个人，就像马云之于蔡崇信。因此，如何找到真正的好老板和好的合作人是每个人职业生涯里最需要修炼且最重要的功力。

带好团队行动指南

某知名作家去报社办报，结果没几天便主动辞职。这并不是因为他没有能力写稿子，而是他不懂怎样把报纸办得令读者满意，他自己也感觉办报比写小说还累。于是，作家继续拿起他的笔写小说。

老板在用人时同样会遇到像作家这样的人才，他们的确是优秀出众的人才，但是由于对某些事务或某类工作不熟悉，操作起来不仅吃力，还很被动。有的人适合搞科研，有的人适合做管理，有的人喜欢习文，有的人酷爱练武。一个优秀的领导应该清楚地了解下属的所长，让他们各尽其能。

如同那位作家，报纸没办好，既浪费了自己的时间，也为报社带来了不必要的经济损失。在这种情况下，老板最理智的做法就是让这个人回到他该去的地方，做他能做好的事情。强行把这个优秀人才留下来，也只能是赔了夫人又折兵，不值得。

管理者必须明确整体的工作目标，了解团体的需要，并在适当的时候做出明确果断的决定，不受任何人情因素的影响，如此方能成功。

没人能否认拿破仑是一个军事天才和一个伟大的领导者，人们热衷于讨论他傲人的军事才能、辉煌的战果以及在他领导下的伟大的法兰西。但他也是一个可悲的失败者，对他进行研读，人们能获得非常多的启示：个人英雄主义式的领导者注定会先成功后失败。拿破仑凭借自己杰出的军事才能、坚定的信念（法兰西的拯救者）、超凡的个人魅力、得力的团队等，赢得了最初的成功。但功成名就后，他越来越远离了自己成功的基础，不停地将过错归咎于他人，最终导致了失败。

在现实的企业管理中，英雄主义也无法长久立足。在企业发展之初，老板凭借着自己超人的智慧和才干、不可抵挡的人格魅力，凭着满腔的激情和自信，缔造了企业神话。但接下来如果老板故步自封、下级盲目服从，就会导致企业每况愈下。所以，为了长久地带好运营团队，老板要做到以下几点：

第一，建立公正的事业目标。拿破仑最初之所以能取得战争的胜利，很大程度上是因为他“缔造”了“公正的”目标。他让每个人都认为有平等的机会，每个人都是为“我们大家的自由”而战，为“我们共同的国家”而战，而不是为了君主的利益和统治而战，这大大激发了大家的士气。

第二，将正确的人放在正确的位置上。中国民营企业“近亲繁殖”的用人方式导致其视野狭窄，很难吸收优秀的人才和先进的理念。反观欧美发达国家的家族企业，尤其是优秀的家族企业，大部分是靠优秀的经理人来管理的，老板敢于用人也善于用人，并不依赖血缘关系。

第三，创造氛围，塑造好员工。除了信任下属、注重沟通外，一个好的领导者还要在公司内部构建一种氛围，让员工不仅要履行好自己的职责，还要敢于超越自己的职责进行决策，敢于承担责任。就像 Desaix 将军在 Marengo（马伦哥）战役中不惜牺牲自己的生命也要救拿破仑一样，要做到这一点，除了要求员工有良好的品质外，领导者也要在企业内营造能使员工这样做的氛围。

第四，将荣誉留给别人。在前期的胜利中，如果没有 Desaix、Marmout 及 Lannes 等优秀将领的支持，拿破仑将很难取得那些辉煌的战绩。但是，拿破仑将太多的光环和荣誉都揽在了自己身上，在后期的失利中又不停地抱怨和责怪别人，丝毫不从自己身上找原因。

一个优秀的领导者应该是这样的：把成功归结于除自身以外的原因，而把失败归结于自身的原因。优秀的领导者同样需要强有力的团队支持。坚定的信念、勇于承担责任和善于反思是一个优秀领导者的必备条件。

老板的六个角色、八个关键词

如何带领团队？如何成为优秀的管理者？下面我们将从“司机、指挥家、陀螺、教练、垃圾桶、指导员”这六个角色以及八个关键词来进行探讨。

角色一：司机，把握方向，设计旅程。团队领导人首先要为团队把握好发展方向。定准了方向，脚踏油门，才能迅速前进，直达终点。其次，要做好设计者的角色，设计出最佳方案。团队发展起来，大团队中有小团队，每个团队的领导就成了司机，给他们一个指令，至于怎么选择，就看他们自己了。有的团队康庄大道不走，偏走荆棘小道。要知道，团队管理工作中最怕领导人把旅程设计错了。对企业建设来讲，必须复制正确的程序。一个领导人要擅长观察、模仿、复制，做到 100% 正确，程序在任何一个地方出现问题，整个团队就会产生多米诺骨牌效应，一排排倒下去。

角色二：指挥家，整体布局，协同作战。团队领导人的能力对团队的成长而言是至关重要的。很多人曾经在自己擅长的领域里取得了非常傲人的成绩，但那只代表你的过去。一般来说，指挥家有两种：一种是战场的指挥家。当团队壮大时，你肯定不能冲到第一线去做基础工作，而要像战场上的指挥家一样，有着周密的行动计划。另一种是乐团的指挥家。直销团队成员来自各个阶层，每个人都不是独奏，而是在一起合奏。做乐队指挥家真正的奥秘是倾听，然后是分辨。除了倾听、分辨的能力外，就是调度了，要为自己的团队建立核心圈，懂得授权。团队核心圈的人能不能成为领导，就看他会不会培训、演讲，学、做、教三者缺一不可。一般来讲，前三个月要全沟通，后三个月要半沟通半管理，六个月后则用 80% 的时间进行管理。

角色三：陀螺，快速旋转，中心带动。陀螺不是钉子，它是高速旋转的。团队领导人一定要有以身作则的带动能力，用气势带动大家迅速行动。另外，团队领导人还要学会流动办公。团队的成长要看领导的推动力，如果领导没有气势，团队发展就会很慢。因此，若要成为成功的领导，就必须强化训练自己，模仿成功的领导，并为自己写一个公式：学着说，照着做，跟着走。别想着先拥有，而要先去付出。

角色四：教练，了解员工，制定方案。团队管理工作有一句话：不做错误的示范给下属。这很简单，但为什么还会有很多领导出问题？其实是角色扮演错了，很多人变成了保姆，凡事亲力亲为，表面上是对下属不放心，其实是对自己不自信。教练这个角色有四项工作：一是了解队员，制定方案，引导队员穿越屏障，挑战极限；二是监督执行方案的状态；三是纠正方案执行中的错误；四是再次制定新的方案。

角色五："垃圾桶"，化解消极，再接再厉。"垃圾桶"其实有两层意思：第一层是要有承受力，能承受失败，不怕失败的人才可能成功；第二层是帮助别人把"垃圾"倒掉。此外，做"垃圾桶"要有一种心胸，能帮助别人把思想上的垃圾倒掉，并告诉对方再大的困难都可以帮他解决，并鼓励他坚持到底。

角色六：指导员，协调矛盾，处理纠纷。团队的成员来自各行各业，他们有不同的行为习惯、不同的文化背景、不同的性格特质，在共同的工作中难免出现这样或那样的矛盾。优秀的团队领导人要像指导员一样，做细致的思想工作，消除矛盾，成为解决问题、处理纠纷的高手。

带领团队的八个关键词：

授人以鱼，先让伙伴赚到养家糊口的钱。

授人以渔，教会伙伴做事情的方法和思路。

授人以欲，激发伙伴上进的欲望，让员工树立自己的目标。

授人以娱，把快乐带到工作中，让伙伴获得幸福。

授人以愚，告诉团队做事情扎实、稳重，大智若愚，不可走捷径、投机取巧。

授人以遇，给予团队成员成长、学习、发展的机遇，成就他们的人生。

授人以誉，帮助团队成员获得精神层面的赞誉，为成为更有价值的人而战。

授人以宇，上升到灵魂层次，顿悟宇宙运行智慧，乐享不惑人生。

总之，不用把团队管理工作看得多么难，领导只要认真扮演好以上六种角色，团队就会在有序的管理中快速成长。

战术为王，战略先行

一、何谓战术，何谓战略

在企业老总之间的交流中，经常提到的两个关键词就是“战略”与“战术”，那究竟什么是战术和战略呢？

我们先用围棋和中国象棋来举例：围棋的定式在于形成一种两分的局面，不在于消灭对方而在于围的空比对方多一点，哪怕很多半目就算赢，这是战略思维；中国象棋主要是消灭对方的力量并将死对手，这是战术思维。

战略告诉我们“去哪里”，对企业来讲就是发展愿景和经营目标，即未来要成为什么样的企业，要在哪个领域或行业有所成就并赢得社会的认同和尊重，这也是企业家的理想。例如，阿里巴巴的理想是要把企业做 120 年，让天下没有难做的生意。海尔的理想是要成为家电领域的跨国大企业，成为国际大品牌。联想的理想是产业报国。拿生活中的例子来讲，一个人制订了一个旅游计划：秋季去 ×× 旅游，这就是战略。怎样才能到 ×× 旅游呢？这就需要制定具体的实施战术：是报名参加旅游团？是和家人一起去还是自己一个人去？是坐飞机还是坐火车？

简而言之，战略就是解决“做什么”，战术则指明“怎么做”。

二、企业要发展，战略必先行

海尔集团能在德国取得傲人的成绩与其市场战略是密不可分的。自 2006 年，海尔集团便开始在全球推行国际化品牌战略，希望在海外市场打出自己的品牌。不仅要在海外有销售业务，还要在当地扎根设立自己的分公司，以便更贴近消费者。同年，海尔在德国这个欧洲最大的市场设立了分公司。其战略是先难后易，一旦真正进入德国市场，那么进入其他欧洲市场就水到渠成了。这是一个非常明智的战略，因为德国是欧洲最大的消费品市场，其充满活力的市场条件、并不昂贵的生活成本以及低通货膨胀率是推动消费者不断消费的主要因素，尤其是在家用电器销售方面，德国近年来一直保持持续增长。根据相关调查统计，德国家庭平均拥有家电产品的比例很高。86% 的德国家庭至少拥有一部移动电话，58% 的家庭至少拥有一部数码相机，65% 的家庭至少拥有一部平面电视。此外，新厨房电器产品是推动德国电器市场发展的重要引擎，这对主要生产家电产品的海尔集团来说非常具有吸引力，在德国设立分公司的战略也因此大获成功。

海尔集团这个例子充分说明一个好战略的重要性。反之，如果战略错了，战术再好也没有意义。比如，你在广东要去 ×× 地，应该朝西北方向走，如果朝东南方向走，就算地球是圆的，恐怕走到死也无法实现愿望。下面要说的就是一个反面的例子。

大家应该都听说过锤子手机，它是锤子科技公司的产品。这个公司创业几年来，一方面是新产品的万人发布会现场票每次都被“秒杀”，另一方面是几次被传公司撑不下去，要被收购了。锤子科技创始人罗永浩自己也承认最惨的时候账面上只剩 20 万元。为了渡过难关，他和太太押下全副身家借了 9 000 万元，连一向对他事业持乐观态度的太太（老罗的太太曾是电视台编导）也茫然地问他:“你如果不成，我这辈子得做多少片子才能还清这钱？”

罗永浩在实际的企业经营中属于那种操心型管理者，事无巨细都要过问，这样其实挺苦的。那么，在创业最初的三年，为何他的努力始终都配不上他的野心呢？在某次深圳发布会前，他曾接受《罗辑思维》主持人罗振宇的访问，在这个访问中似乎能找到答案。

创业初期，锤子手机的 CTO（技术总监）找了号称中国手机界黄埔军校的摩托罗拉北京研发中心负责人钱晨博士，他曾主导过摩托罗拉好几代主力机型的研发。然而，这个当初看似正确的选择，后来却被证明是错的。手机的供应链是非常“势利”的，只看资金和订单量，即使是山寨手机公司的启动资金也至少有一个亿，所以供应商听到锤子手机只有两千万的启动资金，根本无动于衷。由于摩托罗拉这样的国际大品牌从来不会遇到这样的问题，因此钱晨缺乏搞定供应链之类问题的经验和能力，导致锤子最初的两款手机 T1、T2 的硬件研发过程困难重重，很多工业设计上的想法因为不受供应商重视而无法实现。更为严重的是，由于供应商不重视，生产线一直不成熟，量产一再推迟，导致已经下单的用户纷纷要求退款。

罗永浩说其实他当时应该做的事情是找钱和找人，但是由于他有社交恐惧症，不太喜欢和陌生人接触，因此找人的事情一直拖着，直到实在拖不下去没办法了，他才硬着头皮上。2016 年上半年，钱晨宣布离职，华为第一代手机研发骨干吴德周加入锤子担任 CTO。依托吴德周在供应链方面全面的能力与经验，锤子科技公司终于从供应链的泥潭里解脱出来，2016 年下半年发布的锤子 M1 和 2017 年发布的“坚果 Pro”也终于开始获得市场的正面回应。

罗永浩在访问中一再表示，自己这点做得确实不对，早就应该出去找合适的人了，就因为一直拖延，导致大家干得很辛苦，公司也差点陷入绝境。他反省说：“如果战略上懒惰了，战术上再勤奋也没有用。”

以上通过正反两个案例说明了战略先行对企业发展的重要性，接下来用另一个案例来阐述战略是如何影响企业发展的。

中国的洗发水行业是极其庞大的，据相关统计，已经有 300 个亿的市场容量和平均每年 15% 的增长率，有 2 000 多家生产企业和约 3 000 个品牌在这个市场上竞争。其中，以宝洁公司产品所占的份额最多，其余的品牌只是在争夺剩下的小部分份额。

在这样的大环境下，洗发水生产企业特别是国内的洗发水生产企业应该如何有效地参与竞争，就成了这些企业需要解决的首要问题。

从企业的角度来看，先要解决“做什么”的问题，然后才是“怎么做”的问题。或许，在“做什么”的问题上会有人不屑一顾：就是做洗发水的，还有必要问吗？他们认为解决“怎么做”才是正题！但事实并非如此。

彼得·德鲁克曾经说过，企业存在的唯一价值就是创造顾客。为此，企业的整个系统都要围绕所确定的目标顾客来运行，包括产品研发、物流配送、生产、营销、服务等。那么，企业如何确定自己的目标消费群体呢？

比如，生产美发类洗发水的企业，他们的目标消费群体基本上是 18 ～ 25 岁，经常出没发廊，希望自己的形象保持光鲜的年轻人。同样，生产防脱洗发水企业的目标消费群体也是可以确定的。这些企业就是要获得这些确定的目标顾客的认可和信任，从而使其不断地产生购买行为。从这个角度来看，决定要生产什么样的洗发水就是这些企业“做什么”的问题。

纵观洗发水行业的发展过程，能否解决好“做什么”的问题直接决定了企业能做到什么规模和在市场上处于什么地位。在市场萌芽阶段，中国的洗发水只要能满足消费者清洁头发的基本需求即可，在那个时期，蜂花可谓是洗发水的代名词。到了市场培育阶段，这个代名词换成了海飞丝、飘柔和潘婷。这除了宝洁的整体战略营销体系的成功之外，还有一个原因就是蜂花没能及时明确自己的定位，利用自己在洗发水行业的影响力丰富产品的品类，进一步满足消费者日益明确的需求。可以假设一下，如果当时蜂花及时划分出去屑、柔顺、营养等产品系列，宝洁想成为中国洗发水的老大或许还要费更多的功夫。在市场发展阶段，重庆奥妮公司以植物的概念成功地将国外的产品定义成了“化学产品”，在中国这个讲究“天人合一”、以人与自然和谐共处为文化根本的国家里，这个概念满足了国人内心最深处的欲求。可惜这个植物的概念没有往前多走一步，没能进一步明确“植物洗发水”可以为中国的消费者带来什么样的利益，加上企业发展思路、营销手段、内部管控等多方面原因，奥妮公司还是没有达到自己的目标。不过，奥妮公司开创了一个新的洗发水品类。进入成熟阶段后，市场的格局暂时稳定了下来。这时的市场充满了新的机会，霸王就是一个典型例子。霸王的自我定位是“中草药洗发水”，这实际上是继承了奥妮公司开创出来的用以区别国外“化学产品”的新品类洗发水。从品类的区别上来看，某一确定的品类，其目标消费群体的需求是明确的，消费群体的数量是确定的，市场规模也就确定下来了，如防脱洗发水的市场规模和美发洗发水的市场规模在很长的时间内都比不上基础型洗发水的市场规模。

将产品的品类划分出来后，还需要进一步明确具体品类目标消费群体对该品类的认知。这种认知是可以塑造的，如以往西方人提到印度，最先想到的是孔雀和大象，为了改变这种认知，印度政府用了 10 年的时间将西方人对印度的认知转变成了软件大国。这种认知实际上就是明确地让消费者知道你是做什么的，并且你做的东西一定是能为消费者带来明确的利益的。如果你是生产榔头的，那么这个榔头一定是用来砸钉子或大石头的；如果你说你的榔头既可以砸钉子，又可以砸大石头，还能用来砸楼房的基桩，那么消费者一定会被搞糊涂，不知道你究竟是做什么的。如果消费者不知道你是做什么的，你自然就无法得到消费者的认可和信任。

企业的战略是要解决企业往什么方向走的问题，这个问题的核心就是企业定位。只有确定好企业的定位后，才能根据这个定位确定战术。因此，企业要发展，战略必先行。当然，好的战略也离不开好的战术，在打仗时，统帅需要对整个战场进行战略部署，但战略部署得再好，若是底下具体执行战术的将领在实战中没有将战术贯彻好，一切也都是白搭。

第三章　老公司的新玩法

明确你想要什么以及为什么

当今是互联网的时代。

伴随网上购物的迅猛发展，各种传统商业模式都不同程度地受到了互联网的冲击，一些实体店纷纷关门倒闭。当然，导致实体店关门的原因有多种，如店铺租金过高且不断上涨、商业设施供过于求、消费市场购买欲望下降以及传统商业企业自身定位不准、经营不善等。但从时间节点上看，互联网商业特别是网上购物的快速增长不能不说是导致部分实体店亏损、歇业的一大原因。网上购物为什么会对实体商业造成如此大的冲击呢？从表象上看，网上购物具有明显优势：

一是便利性。不用出门，不用上街，也不用出国出境，在家动动鼠标或用手机就可以畅购全球。

二是随时性。不分昼夜，想购就购，不用担心店铺打烊休息或装修关门。

三是选择性。不用店跑百家，只需翻动网页，就能在几百种甚至上千种产品中任意比较选购。

四是廉价性。由于网上商家不用付店铺租金，不用进行店铺装修，甚至不用大量存货，故经营成本比较低。同样的商品可以较低的价格出售，具有很强的吸引力。顾客还可以“价比三家”，选择性价比最高的那一家购买。

传统企业的出路

传统的实体店销售模式要求消费者只能在指定的时间和地点购物，这存在很多限制。在电子商务飞速发展的今天，实体店应该找到自己的优势。

随着网上购物的普及，消费者的购物习惯正逐渐发生改变。传统商家的经营越来越困难，因为许多顾客选择在网上消费，到实体店的次数少了很多。

一些创业者觉得便利店和小型超市门槛低、利润大，因此纷纷涌入，进入后才了解到其中的水深火热，发现想要做好并不是一件容易的事，生意越来越不好做，同时人力、物力成本越来越高，相对利润变得越来越少。

面对这样的形势，企业领导者就需要静下来想一想：自己想要什么？企业到底应该怎么发展？是待在原地故步自封吗？不是的，肯定是想让企业重新焕发出活力。

这个时代，只有两种人可以生存得很好：一种是有工匠精神的人；另一种是有创新能力的人。

你要么有工匠精神，能沉得住气，在五年、十年甚至更长的时间里精心打磨自己的产品和服务，让产品与服务达到“惊艳”的程度，让消费者看到就想购买。

但现实情况是，有匠心的人始终是少数。很多产品尽管还不错，但仍达不到这一标准。市场上，大部分产品比较雷同，缺乏特色，这势必存在大量的竞争。尽管人们每日奔波用尽全力想将它们销售出去，但消费者就是不认同、不接受。

如果自己的产品跟市面上大部分产品雷同，而自己又不懂营销，无法说服消费者购买，也无法说服经销商代理。这个时候，该怎么办呢?

为什么别的企业都能盈利，自己的产品却推销不出去呢？哲学上有一个定律：新事物终将代替旧事物，互联网时代终将淘汰旧的时代，这就是真理。认清这一形势后，企业领导者需要做的就是把自己的企业打造成适应新时代的企业。

改变、创新是企业成功的关键，企业要想一直立于不败之地，就要创新，就要随时随地注入新鲜的血液。只有这样，企业才能健康、持续地发展。创新不是嘴上说说，要从观念上进行变革。以零售为例，传统商家已经意识到了自身的不足，所以许多老板被忽悠做了一个网站微信商城，开通团购，把客户的数据都贡献给了团购网站。由于不懂运营，虽然做了很多尝试，但仍没有把生意带火。因为这种“创新”只是表面功夫，传统商家的运营模式仍旧没有改变，所以赚不到钱也是自然的。那么，怎样进行创新呢?

给自己找到最精确的定位

要想赚到钱就必须进行商业上的创新，纵观整个商业行为，实际上都在围绕着发现客户的需求，提供相应的产品或服务，再来研究客户的需求，这三种行为是不断循环的。

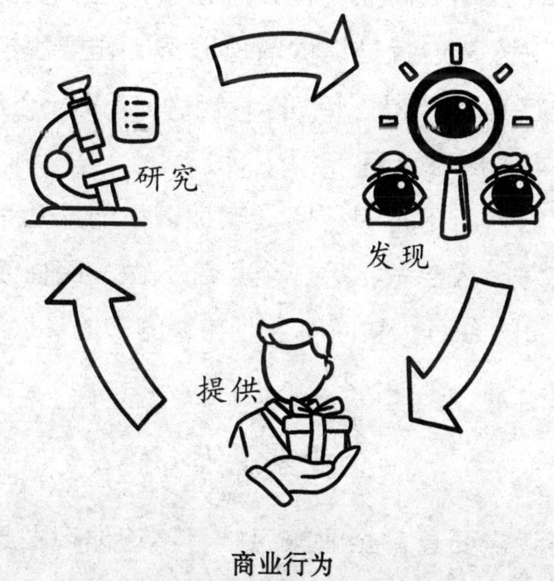

商业行为

实现梦想之前，先实现他人梦想；得到荣耀之前，先成就他人荣耀。

——谢家宜

只要企业能了解客户想要的东西是什么，并且提供的是独一份，那么该企业就能在一段时间内领先于其他竞争者。

从企业能为客户提供哪些服务开始思考，再思考在提供的过程中哪些环节是必须有的，它们的不可取代性是什么，还有哪些活动是这些不可取代的过程之中可用的，重新再来会怎么样做。企业要善于发现自身优势，规避自身劣势，并充分利用优势来发展自己。

企业需要什么样的商业流程，怎样获得这个资源，怎样把它传递给有需求的人，这就是提供增值服务工作要思考的，大概分成三个部分：接单、获得、传递。当我们去做一个流程的时候，这三个部分是本质核心元素。

商业模式的创新是希望帮助大家把以往的成功都丢掉，直面本源。一个是为什么要做，另一个是怎么做。明白了这些，就可以抓住一些本质的东西，从而使企业在大的市场环境下快速发展。

企业家思维

企业领导者需要具备企业家思维，不管你现在是个体户，还是带着几万人甚至几十万人的团队领导。但是，大多数企业领导者的思维仍然停留在个体户思维上。

个体户与企业家从表面看是有区别的，一个资金少，一个资金多；一个摊子小，一个规模大。但区别远不止于此，最为关键的区别是思维、理念不同。有的个体户经过一段时间的积累，越做越大，有的仍在原地打转。所以，不得不承认，并不是每一个个体户最终都能变成企业家。其实，许多个体户就算勤奋努力地干几十年，也没有任何希望变成大企业家。不少人将这种遭遇理解为运气不好。真的是运气不好吗？不完全是，运气是机会，机会对每一个人来说都是平等的，关键看你能否抓住。抓住机会的前提有两个：一个是有胆识和才能，但只有这个还不够，有不少有才华和胆识的个体户最终也未能成为企业家；另一个是企业家思维和企业家理念，个体户与企业家的根本区别并不在胆识和才能上，而在思维方式和思想理念上。

企业家思维

有的个体户奋斗几十年仍然停留在原地，原因有很多，其中较为关键的原因是思维方式不对。对个体户来说，挣钱是第一目的，成为有钱人是奋斗的动机。因此，许多个体户最终被一个钱字迷住了，于是在商业行为中做出不少短期行为。一切以钱为重，这样做就容易在具体行动中缺乏战略性眼光，导致不能长远发展。当然，成为企业家的个体户在起步阶段也有不少是将钱当作第一目的的，因为他需要第一桶金，但如果他获得第一桶金后仍然将钱作为第一目的，那么他就不可能成为企业家。对一个企业家而言，不能把钱当作唯一的追求目标，要将事业当作终极的目标。只有这样，他才不会在经营中实施短期行为，才会有所谓的通盘考虑，才会有长期性的战略规划。具有企业家思维和理念的个体户不会再把挣钱当作唯一的目标，只会挣那些合法、合理、合情的钱，不会拿自己的信誉、品牌、形象等冒险，更不会有所谓“一夜暴富”的念头。也许正是因为如此，拥有企业家思维的人才能通过自己的努力最终成为有名的企业家。

要成为一个成功的企业家有三个思维非常重要。第一个思维是用未来看现在；第二个思维是用高空看格局；第三个思维是用外部看自己。这三大思维是如何形成的呢？

一、用未来看现在

常人的视角一般都是用现在看未来，如一个人要去创业，基本的动机都是想赚到钱。有一位做投资的朋友告诉我，从他们多次投资的经验来看，有钱的人创业成功的概率往往要比没有钱的人高，这是因为有钱的人往往能从未来看今天，做安排的时候会设定一个目标，然后去推进。而一个没有钱的人去创业，想得最多的问题是如何改善生活，每天都拘泥于现实生活的改善，遇到困难的时候很快就会向现实妥协。

一个成功的企业家需要不断战胜现有的困难，逐步推进自己的目标。有些创业者在听了成功企业家的故事后，便到处寻找故事中所具备的条件、环境和因素，而这些会使他拘泥于过去的思维。还有一种人天天跟别人比较资源，但是企业的成功与否并非取决于资源的多少，资源永远是不够的，如果要依靠资源才能办事，那只能叫作经理人。经理人更多的是基于资源做事，而企业家更多的是创造条件做事。

时间的长度一旦确定，看问题的角度就不一样了，有了空间感之后很多事情就能想得更明白。如果一位 80 岁的老人，看到 20 多岁的年轻人纠结于一件事情的时候，他会突然发现这仅是人生长途中的一座小桥，只是选择要不要过去而已。人生的路其实有很多种，所以要用未来看现在。用这样一个时间跨度看待自己人生的时候，就拥有了一份从容淡定，会发现很多事情不用纠结，我们不需要活在别人的眼里，要活在自己的心里。

用未来看现在其实就是选择路径。从现在看未来是找不到路径的，它是一种投机的状态，撞到什么就选择什么。而用未来看现在的时候是在倒着推算，这样就可以做出比较，选择更可控的那一条路。

二、用高空看格局

领军打仗要的是战略布局、资源匹配，但到最后会发现是用有限的资源面对无限的需求。企业经常会犯的一个错误就是被客户、业务员牵着鼻子走，或是被内心欲望牵着走，这是因为它们没有布局。布局就像下象棋，水平高的棋手可以看到五步以上的棋。围棋制胜的关键不是吃子，而是心中有局，然后落的每一个子其实都是步骤。所以，先要有局，再有步骤，否则企业就会因各种相关的问题而破产。企业破产的首要原因是无法满足客户越来越多的要求，客户会诱惑企业把价格降得越来越低，迫使企业做更多的品类，让企业给他们提供更多的服务。所以，企业通常不是被竞争对手打败，而是被客户拖累而亡。因为客户给了更多的订单，要求更多的服务，企业就要不断地满足客户的要求，最终超过了自身的承受能力。布局就是资源的调配，布局之前一定要站得高，把每个局都看清楚，站得越高才能更好地调配资源。

三、用外部看自己

企业家每天都要解决很多负面的问题，如员工离职、产品没有及时到货、原材料出现质量问题、遭到客户投诉……如果每天都把精力放在这些问题上，就会陷入行政管理的琐事中。其实，做企业家最关键的问题就是客户思维，从客户的角度看待企业应该解决的问题。企业不需要解决所有问题，也不需要让所有客户都满意，企业追求的永远是让目标客户满意。人生苦短，要解决的事情很多，但必须做的事情其实很少，所以要学会筛选出必须解决的问题。企业家一定要从客户的角度看自己的公司，以客户为导向解决内部问题。客户的问题是企业的生死问题，内部的问题是工作效率的问题，而外部的问题解决不好，就会导致灾难性的后果。

企业家有三大思维能力：第一个是用未来看现在——选择路径；第二个是用高空看格局——进行布局；第三个是用外部看自己——客户导向。企业家如果能有这三大思维能力，就能获得成功。

透过股权融资找到最重要的人

创业过程中所有的问题最终都会归结到一个上面，那就是资金。企业初创需要资金，企业经营也需要资金，这时融资就成为企业筹资的一种有效手段。什么是融资呢？通俗地说，就是将分散的资金集中起来投入企业的经营，当资金短缺时，以最小的代价筹措到适当期限、适当额度的资金，当资金盈余时，以最低的风险、适当的期限投放出去进行盈利，以取得最大的收益，从而实现资金的供求平衡，使企业获得源源不断的动力。

融资是怎么回事

在融资的过程中，需要明白几个常用名词：种子轮、天使轮、A 轮、B 轮、C 轮……

种子轮：项目可能只是一个 idea（想法），没有具体的产品或服务，创业者只拥有一项技术上的新发明、新设想以及对企业未来规划的蓝图，缺乏初始资金投入。在此阶段所进行的融资行为就是种子轮融资，没有发芽，但具备长成一棵植物的最基础要素。种子轮的投资额度一般在 10 万元至 100 万元。

天使轮：项目可能有了雏形，有了初步的商业模式，积累了一些用户资源。此阶段的融资来自天使投资人和天使投资机构，天使投资人一般指身边比较亲近的人。投资额度一般在 100 万元至 1 000 万元。

A 轮：项目基本上步入正轨，并且有完整的商业和盈利模式，在行业内有一定的地位及口碑，可能依旧处于亏损状态。此阶段的融资来自专业的风险投资机构（VC），投资额度一般在 1 000 万元至亿元。

B 轮：项目获得较大的发展，或已经开始盈利。公司可能需要推出新业务，拓展新领域，此阶段的资金大多来自上一轮的风险投资机构或新的风投机构、私募股权投资机构（PE），投资额度一般在 2 亿元以上。

C 轮：公司已经开始盈利，即将上市，在行业内有很大的影响力。公司可能需要拓展新业务、补全商业闭环、准备上市，此阶段的资金主要来自 PE 或之前的 VC 跟投，投资额度一般在 10 亿元以上。

D 轮：公司一般已经成功上市，选择 D 轮融资的公司不多。

按投资顺序依次称为 A 轮、B 轮、C 轮、D 轮、E 轮……这些只是一个俗称，也可称为第一轮、第二轮、第三轮、第四轮……

企业融资环节：

所有的企业都用两条腿走路。第一条腿是从产品的生产到包装、组建团队、找渠道、制定销售模式，再到推向终端，取得的业绩叫作利差。第二条腿是让公司变得更值钱，在没开始之前就把未来的钱拿到当下去交易，这就是融资。传统的企业融资分为债务融资和股权融资。

债务融资指的是什么？债务就是企业到银行去贷款，或通过朋友、亲戚借钱。买卖如果盈利了，企业把当初借的钱连本带利还回去就可以了。如果赔了，银行会通过冻结企业的相应财产来进行惩罚。企业和债权人存在借贷关系，需要支付本金和利息的融资就叫作债务融资。

股权融资则是让那些出资的人成为股东，分享企业的盈利。投资人把钱投给企业并参与进来，形成了一荣俱荣、一损俱损的模式。投资人希望自己好的同时，希望所投资的企业也好，这样，他的资源自然就会贡献给所投资的企业，因为他担心这个买卖做不好自己会血本无归。所以，股权融资不仅是在融资金，还是在融资源。投资人一旦进行了股权投资，成为合伙人，他的相应资源就会义无反顾地对接给企业。因此，企业在获得资金的同时，还获得了巨大的资源。

当今是合作的时代，所以企业应该思考，作为一个品牌方，应如何实现A轮与B轮的直接变现，因为产业链的每一步完善都存在风险，能支撑这些东西的是充足的资金。A轮与B轮直接让企业通过这个项目，拿到雄厚的资金，用来解决产业链的推广、优化、升级、转型等问题。这样，企业还可以变得更值钱，因为以往的思维模式是想着怎么把货卖给客户，而现在的模式是企业可以不去推销自己的产品，但是要找到一部分合伙人，通过利用合伙人的资源来推销产品。

企业取得好的声誉并能赚到钱，投资者自然也能从中获得报酬，所以只有让更多的资金融进来，让更多的投资者获得收益，企业才能做大做强。

阿里影业融资案例

如何进行股权融资呢？这就是前面讲的把未来的钱拿到当下去交易。不管你做什么项目，都要了解商业的本质，下面通过阿里影业的故事来进行分析。

阿里影业的创始者是马云。当时，中国的电影市场发展迅猛，商机无限，马云估计中国的电影市场一年有2 000亿元的产值，于是设定了一个目标，那就是他要拿下1 000亿元的电影市场，怎么做？

第一步，他决定把全国最优秀的导演签到阿里影业，签三年。

第二步，他决定把全国最优秀的明星资源签到阿里影业，签三年。

第三步，他打算把三年内市场上最好的剧本买下来。

第四步，他打算把整个市场上的渠道商买断。市场上的渠道商有优酷、爱奇艺以及万达影院等，他决定都买下来。

把全国最优秀的导演签下来，把全国最优秀的明星资源签到阿里影业，把市场上近三年最好的剧本买下来，把市场上最好的渠道买下来，如果他能把这四步完成，就具备了核心竞争力。这四步当中的导演、演员、剧本、渠道都是电影事业中非常重要的组成部分，只要能解决好这四点，他拿下 1 000 亿元的电影市场的份额就没有任何问题。

接下来，马云开始进行项目路演。他找了一群伙伴，并告诉他们自己接下来要干的事情。于是，他开始发起第一轮融资，也就是种子轮。他对外称估值 50 个亿要开一家公司，这个时候他的朋友决定投资，于是朋友告诉朋友，目前，种子轮估值 50 个亿，马云打算对外抛售 10% 的股权，即 5 个亿，于是他的朋友就拿 5 个亿投资了这个事业。马云拿这 5 个亿干什么？去签全国最优秀的导演，签三年。当他完成了第一步，公司就变得更值钱了。因为这三年之内，全国最优秀的导演都与阿里影业签约了，不管你拍不拍电影，我已经把钱给你了，这三年你只能跟着我干，只能为阿里影业拍电影，所以当他完成这步之后，就意味着他的公司比之前更加值钱。

之后，进行第二步，天使轮。他告诉所有的朋友，导演已经被我签完了，我要获得 1 000 亿元的电影市场。这个时候，朋友有没有兴趣投呢？于是，他做了股权增发，对外号称公司估值 200 亿元，因为他已经拥有了核心人才。这个时候就问之前的种子轮的投资者。例如，张总之前花了 5 亿元购入 10% 的股权，接下来有人要继续买入股权，于是和张总谈判："我为公司融资 5 亿元，继续保留你 5% 的终身分红权。"张总自然很开心，因为还没有开始干，投资的 5 亿元已经回本，并且拥有 5% 的终身分红权，于是他卖了 10% 的股权，拿到了 20 亿元，把投资的 5 亿元本金还给前面的种子轮投资者。这个时候身边的朋友都看到张总赚了钱，都有兴趣跟他投资。

第三步，他继续拿这 20 亿元签下全国最优秀的明星，同时买剧本。没有开始拍一部电影就已经拿到了 20 亿元，他拿这个钱去签明星资源，买当下最好的剧本。不管拍不拍电影，签了三年，就只能给阿里影业拍电影。

完成了第一步、第二步、第三步后公司更值钱了。这时需要进行第三轮——A 轮融资。这个时候公司因为已经具备了前面的三大核心而价值更高了，所以对外估值 500 亿元，并继续对外抛售 10% 的股权，收回 50 亿元。公司还没有开始拍电影，就已经拿到了 75 亿元。继续拿 50 亿元买渠道，所以电影还没有开拍，公司就已经拿了几十亿把所有的步骤完成，并占据了整个中国电影市场很大的份额。

每一步的完成至少要一年的时间。这个时候影视公司有了核心优势，全中国最优秀的导演和明星与公司签约，最优秀的剧本被公司买断，最好的渠道被公司搞定，所以任何一家影视公司都无法与之相提并论。

前面的种子轮、天使轮、A 轮、B 轮和 C 轮都在解决钱的问题，在资本市场里面叫作一级市场，最终公司会到主板、创业板上市。一旦上市就意味着资产会扩大 40 ～ 200 倍，所以在上市前是一级市场。而公司在一级市场的估值称为市值。当公司变得更值钱，会进入二级市场，把股份变成股票。

因此，股权融资是企业筹集资金的一种快捷方式，可以让企业获得更多资源。

都是模式惹的祸

同一行业的两家公司，起点差不多，发展结果却迥然不同，这与企业所走的商业模式有莫大的关系。现如今，商业模式已经成为创业者和风险投资者经常提到的一个名词。几乎每个人都确信，拥有一个好的商业模式，成功就有了一半的保证。那么，到底什么是商业模式？它包含什么要素，又有哪些常见类型呢？通俗地讲，商业模式就是公司赚钱的途径或方式。例如，饮料公司通过卖饮料赚钱，快递公司通过送快递赚钱，网络公司通过获得点击率赚钱，通信公司通过收话费赚钱，超市通过经营平台和仓储赚钱，等等。只要有赚钱的地儿，就有商业模式存在。

没有好的营销模式和商业模式的公司，只能通过“卖产品”很辛苦地赚钱。产品在手中只能是实现产品本身的价值，就是卖一台产品赚一台差价，而且很多时候甚至赚不到钱，因为产品卖出去了又要采购更多的材料，添置更多的设备，钱永远在路上。

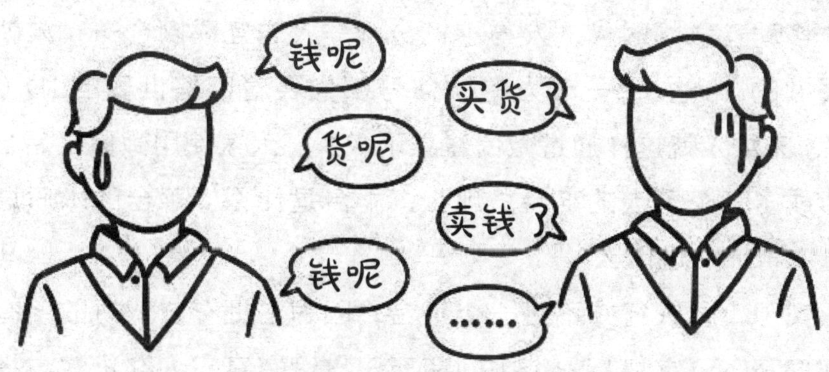

我们追求的不是辛苦赚钱。请你相信，做得累一定是方法不对。在当今这个时代，我们有必要给自己重新设计一套符合市场趋势的新商业模式。

如何实现商业模式的转型与突破呢？

公司应该使产品成为持续稳定的收益来源，而不只是赚产品的差价。只有改变思维，另辟蹊径，才有机会赚到别人赚不到的钱。

为什么有的公司能成长起来，有的公司却面临倒闭？笔者认为一个重要的原因就是有的公司是产品型公司，而有的公司是平台型公司。任何产品都有自己的生命周期，如果一家公司仅仅经营一种或一类产品，一旦产品的生命周期结束了，这家公司的生命周期也基本结束了。而平台型公司的平台上会不断出现新产品，而且每次新的产品都能获得更大的成功，所以这样的公司市值会越来越大，最后发展成为行业巨头。因此，平台型企业将会成为企业发展的一个趋势。

电商企业不一定是平台型企业

移动互联网时代，人与手机合一，人与互联网合一，人就是最关键的节点。每一个人的微信号都代表着网络世界的 ID（身份），无数人就这样通过微信建立了联系。大家使用微信之后，慢慢形成了一个巨大的平台。那么，平台是什么？平台的本质属性和基本特征又是什么？

实际上，银行并不是一个平台，因为它把存贷双方的所有信息都屏蔽了，它只是一个中间商而已，没有真正为存贷双方搭建一个公正、公开、公平的交易平台。同理，贸易和传统零售也不是平台，它只是低买高卖赚取差价的中间商而已。那么按照这个逻辑，电商是不是平台呢？

比如，凡客诚品是一个典型的服装行业的电商，但是它不是一个平台，它属于非常传统的服装行业。凡客诚品是一个众所周知的电商，它的库存很多，经常会面临资金链断裂的风险。因此，凡客诚品把以前线下实体店销售的模式改为线上销售。但是除此以外，凡客诚品在产业链条里面基本上没有做其他重大的创新。我们会发现它所做的跟其他线下品牌基本雷同，即找“高大上”的欧洲设计师来做设计，多做几款预测，看看哪一个会真正流行甚至成为爆款，然后大量生产，其中 20% 的产品成为爆款，但是 80% 的产品变成库存。实际上，很多企业都像凡客诚品一样，以为做了电商就是做了平台，但它并没有把互联网精神和平台思维真正运用到企业的各个环节中。这里需要澄清的是，运营模式和商业模式是不一样的，很多传统企业都在考虑如何把线下的事业转到线上，这种表面上的电商思路只是解决了运营模式的问题，但是商业模式完全没有改变，而且线上的引流成本其实也很高。电商解决的是线上与线下的运营问题，而不是行业里长久存在的商业模式的问题。平台思维解决的才是商业模式的问题，如搭建一个平台让消费者的每一件衣服都变为定制；让消费者自己设计自己喜欢的服装，而不是让“高大上”的设计师自以为是地猜测消费者要的是什么。

因此，我们说很多企业可能是电商企业，但未必是平台企业，它们并不是一个非常具有互联网精神和平台思维的企业。传统企业在转型的过程中也一定要非常清楚这一点，即变成互联网公司或者电商公司不一定能解决根本问题，关键是要有互联网精神和平台思维。如何做平台，是我们传统企业应该着重思考的问题。

平台型企业的本质——生态系统

对于电商的商业模式而言，平台型公司正在大行其道。淘宝、百度、苹果、京东等大企业都在将平台模式应用到各个产业中。全球 500 强里的前 100 强企业，约有 60% 是平台型企业。那么什么是平台呢？其实并没有标准答案。我们认为，“平台”是指在平等的基础上，由多主体共建的、资源共享的、能够实现共赢的、开放的一种商业生态系统。

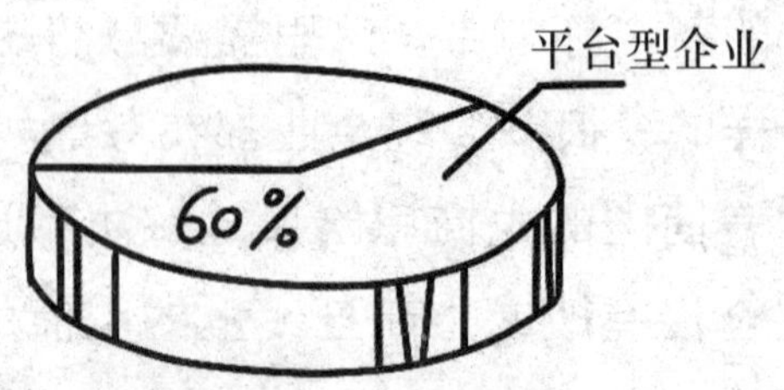

从某种意义上讲，平台就是为商家和用户、商家和商家、用户和用户之间搭建的渠道，而且这个渠道有正向激励的特质，交易的一方越多，越能够刺激交易的另一方快速增长。就如“电话效应”那样，电话使用的人越少，电话网络的价值越低，使用的人越多，电话网络价值越高。更重要的是，这种高效的自我繁殖对平台成本的影响几乎可以忽略不计，这也正是平台的魅力所在。

对于传统企业而言，成本不随交易数量的增加而增加是很困难的，但是在电商时代，这种平台模式是能够成功的。当然，任何企业都不应该一味地模仿，或者贸然介入自己不熟悉的领域搭建平台。消费者需要的绝不是买和卖的动作，而是更倾向于享受配套的服务。经销商如果想清楚这个问题，就可以考虑自己的门店能不能成为为各类商品提供配套服务的平台、下辖网点能不能成为服务的触角等问题了。如果把自己定位为仓储平台，就要想想到底有什么能力成为仓储平台；如果把自己定位为销售平台，就要想清楚自己怎样和现有的淘宝、京东等平台进行差异化竞争。

价值网络的最高形态是商业生态系统。未来的商业竞争不再只是企业与企业之间的肉搏，而是平台与平台之间的竞争，甚至是生态圈与生态圈之间的竞争，单一的平台是不具备系统性竞争力的。百度、阿里、腾讯三大互联网巨头围绕搜索、电商、社交各自构筑了强大的产业生态圈，像 360 这样的后来者很难撼动三大巨头的地位。

构建平台是一种战略选择，构建平台生态圈更是大战略布局。从构建平台到成就一个平台生态圈，需要一个循序渐进的动态过程。“平台生态圈”不单是构建一个平台，而是以某个平台为基础，构建“为支撑平台活动而提供众多服务”的大系统。平台模式的精髓在于打造一个多主体共赢互利的生态圈。

商家没有打造出一个多主体共赢互利的生态圈，也就很难真正实现平台的价值和功能。从商业逻辑上看，只要有一个强大的支点，就能撬动任何强关联的产品。也就是说，如果你拥有对用户的绝对吸引力，或者不可或缺的资源，这样用户可以为了 A 而选择接受 B，或者你的平台上既可以销售 A 又可以销售 B，这就是平台效应。

平台模式的生态圈实际上是一个统一体，只有良性运转起来，才是一部赚钱机器，缺少其中的任何一环，模式都会存在缺陷，赚钱的效应和力度都会大大减弱。

站在巨人的肩上借力发力

平台思维已经不是互联网企业的专利品，它可以被应用到各行各业中，传统行业和企业也可以用平台思维进行对人、对组织、对创新的管理。而在涉及传统企业转型做电商的问题时，平台思维可以利用已有的成功的电商平台开拓自身的线上业务，这就好比站在巨人的肩上，在某种程度上你已经比别人略胜一筹了。

对于很多初涉电商的传统企业来讲，与其做一个平台，不如做一个平台之上的内容提供商，做一家个性化的公司。创业者一开始不要想着做一个什么样的平台，所有的平台企业一开始都是从满足用户一个点的需求出发的，先解决一部分人的需求，让自己成为这个领域的专家，成为这个领域内最好的公司。然后在发展的过程中，客户的需求量越来越大，越来越多的客户使用你的产品，这个时候你会逐渐走向平台之路，但是在这个过程中始终没有改变的是你对用户需求的理解和满足。对用户体验的极致追求，才有可能使你的企业真正成为一个平台型企业。

要思考怎样利用现有的平台，思考传统企业如何用好当前的各类电商平台。比如，传统企业 IT 化的时候，也不一定非得通过购买一个服务器建立一个机房来实现，云计算可以解决这个问题。未来的云计算就和现在的电力一样，现在还有几个企业是自己发电？云计算迟早会成为基础设施，企业没有必要自己承担那么高的成本，用好现成的云计算平台就行了。

那么，品牌商如何实现突破？目前大致有两个选项：一是寻找愿意真正开放、恪守信息流权益规则的开放平台。简单来说，品牌商可以接纳平台商从物流、资金流赚钱，但不会容忍平台商靠无规则地售卖信息流盈利。二是持谨慎心态，等待电商商业环境的成熟。品牌商既要与平台谨慎合作，又要积极自救，如打造电商官网与自家 App（应用程序）。如此，虽然发展得慢一些，但可以逐渐打通线下与线上。品牌商就这样隐忍着，直到中国电商市场足够成熟，催生出一个恪守信息流权益规则的平台。

如果你现在是某行业的老大，那么在做平台的时候你就有极大的优势，你了解这个行业，有很多资源，但是有一个关键问题一定要想清楚：你是真的想要做平台吗？你能不能割舍掉你作为行业龙头的既得利益？你真的能够公平地对待自己平台上曾经的竞争对手吗？你只有拥有一种海纳百川的胸怀，才能把平台做成功。如果你真的想要做一个平台，那么接下来的几点可以作为参考。

如何建立一个共赢的平台生态圈

共赢的平台生态圈也可以叫作平台型的商业模式，它的关键是创建一个平台，并继续创建一种生态体系，而不仅仅是创建公司。生态系统可以打败公司，因为在一个大的市场上，我们不知道接下来市场发展的方向，我们不知道会有什么样的应用，我们也不知道谁有非常好的方式或模式，我们唯一能够探索的就是创建一个生态系统，每个人都可以合作创新，共同定义未来。

一个完整的平台生态圈囊括了产品、平台、用户、服务等资源，生产与消费均可在这个生态闭环中自行解决，而无须外部支持。生态型公司已经无法用传统企业的模板定义，无论从商业模式的发展规律还是从资本的角度看，生态都是一种必然的趋势。

未来将是平台与平台、生态圈与生态圈的竞争。或许有一天一觉醒来，你会突然发现，自己已经成了 BAT（B= 百度，A= 阿里巴巴，T= 腾讯）平台生态圈中的一员。

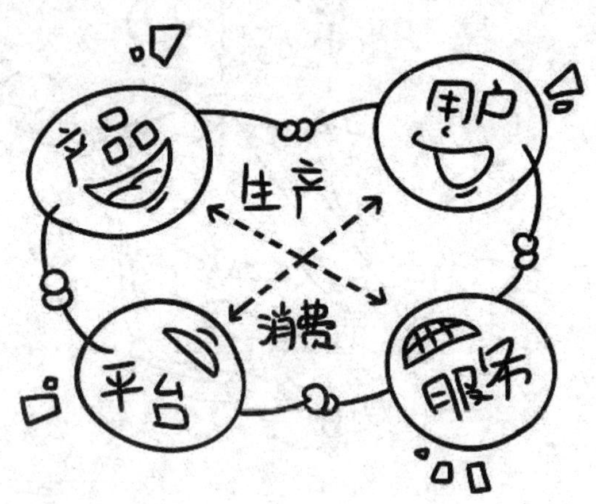

一、我的优势该如何体现

企业要分析自身的竞争优势在哪，将平台思维运用到这些优势上面。对于很多要转型做平台的传统企业而言，如果你是流量入口，那就利用好你的流量；如果你有物流优势，那就思考怎么活用你的物流。比如，京东这些年积累了大量的消费者数据，这是它的优势，它可以开放这些海量数据给第三方的软件开发商，对海量的消费者数据进行挖掘整理，帮助商家了解每个小区的生活形态和消费痛点，更精准地服务于每个小区。实际上，传统企业更需要用平台思维发挥自身的优势，因为它们不能够再全部靠自己了，要利用很多已有的资源方实现转型。这样，平台上的第三方也能够帮助你把线上的商品销售和线下的本地服务做得更好。

开放平台的目的是使平台方、第三方开发者、用户能够多赢，大家都在某种程度上达到融合。对于想做平台的企业而言，开放至少包含两个层次的能力：一是对于平台用户、开发者，甚至对于平台自身来说，这个平台究竟有什么价值；二是平台上的用户和开发者有什么需求，平台要提供什么样的服务，什么时候提供这样的服务。前者界定了平台的方向和边界，后者界定了功能和节奏。实际上，这种开放能力是建立在企业自身优势的基础之上的。

二、管理运营中的平台思维

传统公司中最有权力的部门是财务部、人力资源部等，然而在电商时代，如果公司被这样的部门管理，就基本没有什么希望了，公司的发展也就可以到此为止了。有很多传统企业的老板一直非常困惑，我给员工期权了，为什么还是起不到激励的效果呢？问题的关键在于员工没有决策权、参与权，不一定能真正调动其积极性。

在电商的平台思维下，企业要把人员管理嵌入平台管理中，把内部沟通融于外部沟通中，把所有的管理、文化、价值观、愿景都聚焦在一件事情上面：做出让用户尖叫的产品。企业的功能就是为内部和外部所有的伙伴提供这样一个打造优秀产品的平台，整个公司的核心是产品，市场、企划、设计、客服、行政、财务等部门全是为产品提供服务的支持部门。这样企业的管理就成了平台化管理，就能吸引越来越多的优秀人才到企业的平台上来，而企业需要做的就是为这些人才提供良好的平台服务。

未来的平台化管理意味着公司变轻、团队变小、层级变少、管理变淡。例如，韩都衣舍建立了以产品小组为核心的平台化管理体系，这个平台聚集了480个产品小组，每天能够创造出100款新品。每个小组由买手、视觉人员、运营人员等3～5名成员组成，小组内权、责、利高度统一。韩都衣舍为所有小组提供三大方面的平台支持：一是与品牌相关的企划、视觉、市场支持部门；二是IT、供应链、物流、客服等互联网支持部门；三是人力、行政、财务等行政支持部门。

三、努力发展服务型平台

对于平台型乃至生态型的电商企业而言，无论消费者还是产业上下游的利益相关者，抑或是企业内部、外部的员工，其本质都是平台的用户。平台的关键就在于吸引大量用户，但这也仅仅是平台迈向成功的第一步。如果企业想真正做成一个平台，仅仅靠提供产品是不够的，必须使平台成为服务型平台。

四、商业民主化思维

平台思维的本质是一种商业民主化思维，民主是针对控制而言的，它对抗的是非自由的生产营销逻辑和管理逻辑。做平台型企业就要有“用户至上”的观念，无论消费者用户、员工用户还是利益相关用户，无论跨界创新、产品极致、精益迭代还是口碑传播或者协同组织，归根结底都是满足用户的需求。

用户至上理念下的平台实际上是为别人搭建、让别人来赚钱的，只有在平台上经营的合作伙伴获得良性成长，只有在平台上的粉丝能够获得真正的利益和优质的产品，只有在平台上创新的员工能够获得符合他们理想的收益，平台才能生存和壮大。也就是说，只有让用户赚大头、自己赚小头，才能做成能够长期黏着用户的可持续平台。

然而，相比互联网企业或纯电商企业，传统企业拥有的经常是客户，而缺乏海量的用户基础。其实，客户和用户两者之间存在着本质的差异，如在电商时代，我们可以将用户转换为客户，但是很多情况下无法将客户转换为用户。因为产品和用户之间的关系很紧密，几乎是实时互动的关系；而产品和客户之间只能产生简单的生意行为。尤其是在传统企业转型做电商的过程中，千万不要让“用户至上”成为一句空喊的口号，也不要让它成为企业通用的标语。传统的企业一定要深刻意识到，找到真正的刚性需求，为了用户牺牲少量收入从而赢得更多用户的青睐，这才是对用户至上的最好诠释。

五、得用户者得天下

以前企业讲究的是得渠道者得天下，而未来则是得用户者得天下。微商正是抓住 80 后、90 后乐于分享的特点，把这些人发展成微商，从而实现销售的增长，促进企业品牌的建设。这种方式也让现在的手机族群更容易接受。

在认清微商的本质，认识到微商这种以社交圈子为基础的商业模式一定是主流商业未来不能忽视的渠道后，珀莱雅 CEO（首席执行官）方玉友在接受《钱江晚报》记者采访时表示：“如果假劣产品一直占据这个渠道，这个行业很快就会崩盘，而大品牌的进入，会使整个行业生态有一个质的提升。”珀莱雅以自己多年的行业积淀，从产品、制度、模式、渠道等多个方面进行规范，对保证整个行业的健康发展起到了领航者的作用。

虽说化妆品是一种心理消费品，但消费者仍然需要体验，闻一闻它的香味，近距离感受它的设计质感。对于像珀莱雅这样的品牌而言，设立线下实体店能增加消费者的信赖感，而通过微商的“熟人经济”，珀莱雅对消费者需求及痛点的反应也将更迅速。

再举一例，搜索引擎谷歌一直在设身处地为用户着想，该公司甚至能够通过充分挖掘用户数据和反馈信息打造出完美的产品。实际上，当你使用谷歌产品时，你就成了一名“谷歌员工”了，你的网络行为可以为谷歌改进产品献计献策。谷歌拥有一套非常完善的系统，能够从内部员工和公司外部用户那里收集产品反馈信息。这一系统能够保证产品发布的所有过程都万无一失，因为谷歌灵敏的嗅觉可以确保其产品必定是消费者需要的，而且会非常受欢迎。谷歌员工都是该公司产品的粉丝，他们从骨子里关心不同等级用户的使用体验。这种与用户共鸣的产品设计理念恰恰是谷歌成功的最大保障。而从另一个角度来看，用户也是谷歌的员工，因为他们通过积极向谷歌反馈产品信息而获得了更好的服务作为回报。因此，要想立于不败之地，先要得到认可，这包括满意度与舒适度，只有这样才能吸引“铁粉”。

对于平台型公司来说，企业领导人需要具备开放、包容、创新、积极突破自我的特质。这一点很容易理解，但在实际操作中是最难的。如果企业领导人故步自封，底下的员工再玩命创新也不会推出好的产品。作为企业领导人，只有找准市场方向，不计眼前的得失，放眼远处，才能求得企业的长远发展。

消费者在“进化”，营销需要新花样

在企业传统运作过程中，只有到了消费环节，消费者购买到了商品，企业才能赚取差价，才能实现盈利。在移动互联网出现之前，模式没有多大变化，顾客在满足自身需求时一直是被割裂的。造成这种割裂的因素主要有以下几个：

（1）时空因素。顾客被限定在某时某地购买。一个北京的顾客没法购买上海的商品。同样，除了少量的24小时便利店，绝大多数购物场所是有打烊时段的。顾客无法率性地满足自己的即时需求。

（2）品类因素。任何一家购物场所都不可能提供“供过于求”的长尾选择，而只能提供少数的主流选择。大型百货公司和超市的出现，在很大程度上突破了品类限制，但依然做不到予取予求地满足顾客需要。

（3）延伸因素。顾客的需求并非仅止于购买。购买之后的安装、学习使用以及由此引发的随机关联配套等都是延伸需求，但延伸需求未必能够得到无缝对接式的满足。

淘宝是在移动互联网时代之前的桌面互联网时代出现的，号称“万能”，早期淘宝并未完全消除“顾客割裂”的因素。因为上淘宝要在电脑上进行，这也是一种时空阻隔因素，影响到了顾客在购买需求满足上的完整性。当然，在移动互联网盛行后，淘宝及时推出了手机淘宝的App。如果不是这样，淘宝的市场地位将不可避免地受到影响。

消费者的“进化”发生在互联网普及、智能手机到来的时代。智能时代留给产品或者服务表现的时间大大减少，如果不能迅速取得成功，在几天甚至几分钟内就会被消费者忘得一干二净。

回顾 20 世纪 80 年代与 20 世纪 90 年代，那时候的公司还在绞尽脑汁地想要与消费者展开互动。公司从上到下都在钻研如何与消费者沟通，大批的专家被请来给员工上课，教会他们如何与顾客对话，公司里的每一个人都要加入与消费者沟通的行动中。

然而在 21 世纪的前十年中，智能手机开始大肆地进入人们的生活。如今全世界有超过 20 亿部智能手机投入使用，越来越多的人习惯使用手机上网，而不是像过去一样待在电脑前。人们的生活与互联网的联系越来越多，消费者的行为也在飞速变化着。消费者过去必须在线下实体店里亲身体验，而如今他们在消费产品之前就已经通过手机屏幕了解了产品的各方面细节。在过去消费者只能百无聊赖地花时间站在街头等待出租车，现在他们通过智能手机就能随时叫车，整个流程都得以简化。

不管是何种行业、产品或者服务，只有那些能够及时地改善网络使用体验并且保证良好的网络接入的公司才能存活，而那些单一依靠线下产品的公司将会被淘汰。

消费者拥有了更多的选择权

如今大部分的航空公司已经开始为旅客提供机上 Wi-Fi（无线网络）服务，而像美国铁路公司这样的交通运输公司也认识到了这一现实：如果不能让乘客在旅程中上网，乘客的旅行体验将大打折扣。这些公司都已经认识到了网络服务是消费者迫切需要的。

即时性如今横扫一切商业领域，将所有的产品与服务都包含其中。这其中蕴含着巨大的机遇，但是也隐藏着陷阱。就拿电影院来说，在过去一部电影可以通过人们的口口相传而被更多的人了解，而如今消费者与影院的关系已经大为不同，一部电影甚至在上映之前就已经在网络上传播开来，消费者已经在第一时间了解到了该电影的相关信息。

新一代的线上消费者不在乎与商家达成何种情感体验，而是更希望得到务实的解决方案。消费者想要找到那些能够解决实际问题的商家，而没有耐心坐下来和销售人员基于情感诉求打交道。

一家公司是否能够履行提供给消费者的品牌承诺已经成了是否能赢得竞争的关键。“所见即所得”仍然是最重要的市场营销方式。

如果人们喜欢他所看到的，那么他们同样会相信你的品牌能够满足他们的需要，无论这种需求在任何时间以任何方式出现，你都应该同样满足。

不过这并不意味着商家从此就不用在乎消费者的心情了，亚马逊公司早就认识到了这一点，并且公司建立初期就提供了良好的品牌体验让消费者保持心情愉悦。如果不喜欢自己在亚马逊网站上买到的商品，你可以立即把它退回去，该网站不会追问你原因。

在原有的实体商业世界中，人们面临的选择很少，而如今在网上我们有太多的选择：你花几秒钟就可以搜索到全国范围内所有出售山地自行车的商家，在偌大的大都市里找到唯一一家可以送餐到你家的寿司店也变得轻而易举。

产品与服务在到达消费者之前已经无须经过层层零售商与供应商，消费者已经不再受摆布。

商家的认可度被重视

新一代消费者信奉的是好好工作好好玩，他们行动迅速，没有时间为了购物跑腿或者是等待被满足需求。消费者已经快速地认识到了通过智能手机可以与生活中的所有商家取得联系，从杂货店、啤酒屋到手把手教你做体重训练的私人健身教练，他们都会积极地回应消费者的需求。

在过去的短短五年中，在按需提供服务的行业中商家行为发生了翻天覆地的变化，这种变化源于两大因素：智能手机的可用性以及消费者对购买体验效率最大化的追求。

消费者与商家已经缔造出了新的交易规则。消费者想要与那些能够保证公平的公司打交道，这也就意味着消费者希望自己交易的商家能够遵循真实、透明、可靠、诚实以及不作恶等规则。如果让消费者在一个有道德的公司与一个行为有污点的公司之间做出选择，那毫无疑问他会选择前者。

研究表明，在个人的马斯洛需求金字塔中，金钱与工作并不是位于顶层的需求，我们更在意的是成就感与满足感。人人都知道价格是产品非常重要的影响因素，但是人们现在想要知道的不仅是自己的钱花得值不值，他们还想要知道与自己发生交易的商家能否好好地对待自己的供应商和员工。

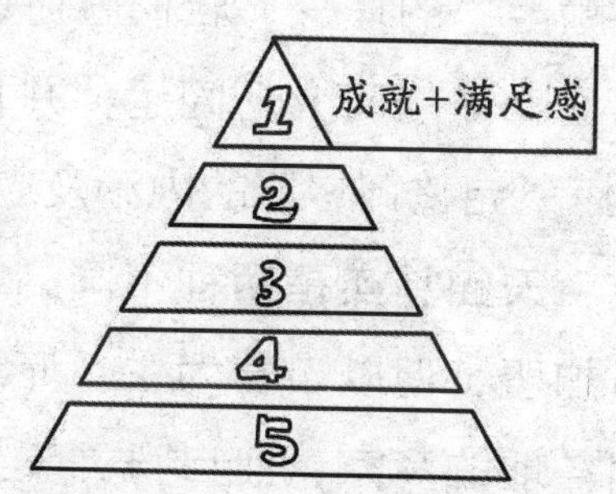

新经济最大的变化就是消费者能够进行有道德的消费，因为消费者面临如此多的选择，他们能够从中选择最有道德的商家。据线上研究发现，消费决策和购买行为已经让消费者实际上成了商家的利益相关者。消费者的点击行为实际上就是给商家投票，消费者能够拒绝商家那些不被认可的行为，这给予了消费者前所未有的权力。

建立“顾客完整度”概念

成功的企业已经在新经济环境中建立了自己处理事情的一套方法。他们建立了 24 小时提供支持的客服中心，实时地帮助消费者解决问题。由此，我们可以推出“顾客完整度”的概念，以丰富“顾客满意度”的维度。所谓“完整顾客”，是指顾客作为一个完整的人，其需求必然是完整的。顾客渴望自己能够以认知能耗最低的方式获得完整性的需求满足。这一论断可以从大脑认知机制（认知能耗论）上找到有力的证据。完整不一定带来满意，但不完整则一定会带来不满意。

厘清了“完整顾客”的理念，我们就可以回过头来解读发生在亚马逊和阿里巴巴身上的两大新闻了，并且通过解读，我们也可以更加深刻地领悟“完整顾客”的内涵及应用。

亚马逊和淘宝、天猫其实是两种不同的电商业态。亚马逊虽然也开通了第三方加盟，但以自营为主。而淘宝、天猫则是平台性质，集纳了全国各地的商家，而自身并不参与商品或服务的直接运营。可以绝对性地下一个论断，任何一家自营的电商，都不可能在“顾客完整度”上超越淘宝式的平台电商。淘宝既有先发优势，又在无意中选对了符合“顾客完整”趋势的发展路径，因而取得了其他电商极难超越的垄断性地位。

马云的“京东悲剧论”曾经引起了轩然大波，有的人赞同他的说法，有的人不认同，但从“顾客完整度”的视角来看，也不无道理。马云说：“京东将来会成为悲剧，这个悲剧是我第一天就提醒大家的，不是我比他强，而是方向性的问题，这是没办法的。你知道京东现在有多少人吗？ 50 000 人！阿里巴巴员工的数量是慢慢涨起来的，现在才 23 000 人，收购加起来是 25 000 人。你知道我为什么不做快递？现在京东 50 000 人，仓储将近三四万人，一天配上 200 万个的包裹。我现在平均每天要配上 2 700 万个的包裹，什么概念？中国 10 年之后，每天将有 3 亿个包裹，你得聘请 100 万人，那这 100 万人就搞死你了，你再管试试？因此，我在公司一再告诉大家，千万不要去碰京东，别到时候自己死了赖上我们。”

随着阿里巴巴在美国上市，淘宝及天猫将在更大的时空领域里强化自身的“顾客完整度”优势。这就势必与立志要成为全球第一电商的亚马逊形成正面冲突。因此，亚马逊不得不拿出自己的优势资源（海外商品），紧急入驻天猫，以做进攻式的防御，甚至顾不得自己旗下亚马逊中国的颜面了。从阿里巴巴内部来看，天猫源自淘宝。这固然有淘宝想要开始收费而不得已的原因，但也是电商升级的必经阶段。天猫与淘宝独立后，阿里内部也相应形成了两派。淘宝派认为淘宝是阿里巴巴的根基，而天猫派认为自己是阿里巴巴的未来，两派为了争夺内部资源而争吵不已。

从“顾客完整度”的角度来看，淘宝确实是阿里巴巴的根基，天猫是可以被对手复制的，但淘宝基本上不可能被复制。淘宝的灵魂就是已存在的浩浩荡荡的巨大流量。阿里巴巴将淘宝、天猫、聚划算三大业务统一管理，或许是有意无意间觉察到了消费者进化的新趋势。这一调整，应该有助于阿里巴巴强化自身的优势，更好地满足顾客的完整性需求。

“顾客完整”的趋势也出现在其他的行业中。比如，小米靠着智能手机一战成名，此后相继推出了小米盒子、智能电视、平板电脑、智能手环、空气净化器等一系列产品。定位论的忠诚奉行者——特劳特中国公司的负责人邓德隆急切地提出忠告，说：“我们现在想到小米，会想到什么？一定是手机，而且是直销的手机。顾客的心智对品牌定位了，那么所有战略和其他资源都要围绕这个定位展开，不能一厢情愿说要做平台，要做生态。做企业不能从自己出发，一定要从顾客、潜在用户的心智定位出发。小米的平台和生态战略侵蚀的正是小米赖以迅速崛起的‘直销手机’定位。”

但是，现在的时代已经不是特劳特提出“定位理论”的时代了，现在的信息以指数级增长的速度超越了此前。相应地，顾客大脑的认知负荷也以指数级增长的速度超越此前。顾客只能偷懒以选择更为节能的方式来做出选择。定位不再那么重要，品牌日渐模糊，只要小米能够提供性价比高的多元化商品，消费者何乐而不选呢？亚马逊从卖书起家，发展成为全球最大的综合性电商，早就是一个违背定位理论而成功的案例了。类似的案例还有不少，这里就不再细说了。

顾客完整趋势是不可阻挡的。“顾客完整”对应的就是“顾客集中”，顾客非常愿意将自己的需求集中到更少的合格供应者身上，以减少在选择上的认知能量消耗。

类似的例子还有“罗辑思维卖月饼”。罗辑思维是一个提供内容产品的微信公众号，主要满足粉丝的偏于“高大上”的精神需求。但是，再“高大上”的人，也少不了“低级趣味”的物质需求。既然这些粉丝已经认准了罗辑思维，既然月饼总是要买的，只要罗辑思维能确保月饼的安全与品质，那么精神需求与物质需求为什么不集中在一起解决呢？

顾客一直是被割裂的，但他们并非心甘情愿被割裂。现在，顾客已经看到并体验到了自我完整的可能性。尽管当下的体验还不足够美好，但“顾客完整”作为一种趋势，已日渐明朗。

当然，我们也必须提出，“顾客完整”是一种理想化的状态，任何一个商家都不可能完全实现，只能无限逼近这一理想化状态。展望未来，只有那些能够更加接近“顾客完整”的企业才能引领趋势，取得成功。

第四章　上传下达的执行通道

管理就是制定标准

一、什么是标准

“企业再造之父”迈克尔·哈默有一个发现：企业中有 25% 的员工在以低效的方法工作。为什么会这样？因为没有定好标准！企业的每一道工序流程都分为若干环节，每一个环节采取什么工作方法、需要多长时间、结果应该是什么样子，这就是标准。操作、监督、核验等环节都需要标准，管理就是把控好各个环节，确保流程畅通无阻，所以说管理就是制定标准。

福特汽车公司可以算得上是近代标准化大规模生产的鼻祖，早在 20 世纪初，汽车还是一种稀有物品，每一辆汽车都是手工精

心打造的，只有有钱人才能消费得起。当时福特推出了福特 A 型车，虽然获得了丰厚的利润，但创始人福特认识到真正需要汽车的人其实是工人与农民，于是主张生产低端车，让更多需要的人买得起，并以此作为公司的长远目标。然而，福特公司当时依然面临无法大规模生产的问题：工厂组装技术十分落后，根本无法进行标准化的批量作业。为此，福特也找不到头绪，偶然间，他路过一家屠宰场，看到牛被送进屠宰场后，工人先将牛用电击晕，然后放血，放血后将牛吊起来，用电锯开膛破肚，最后才将各个部位进行分割，整个过程分别由不同的人来完成。也正是看到这些，福特想到，如果利用这种流水式的作业流程进行汽车组装，就会更加高效。

于是，在 1913 年，世界第一条汽车流水装配线在福特的工厂诞生了。这种生产技术的改革让福特公司在当时连续创造了汽车工业生产的世界纪录。1920 年 2 月 7 日，福特公司可以 1 分钟生产 1 辆车；1925 年 10 月 30 日，福特公司更是进步到 10 秒钟生产 1 辆汽车，这样的速度让同行业甚至全世界都为之惊叹。

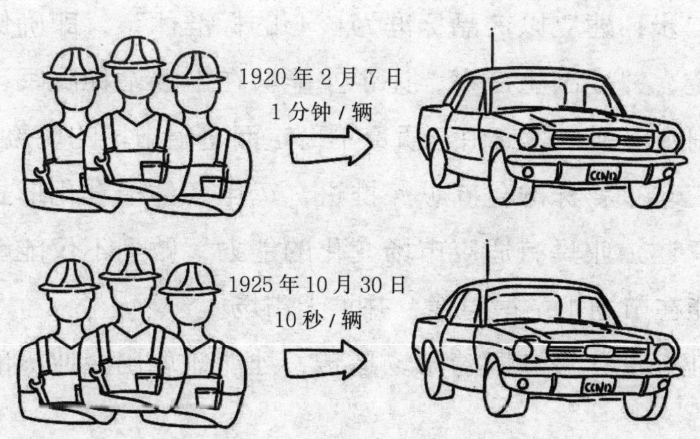

福特的标准化生产为汽车行业乃至其他生产行业做了良好的表率，那么标准到底是什么呢？所谓企业标准化，就是为在企业的生产经营、管理范围内获得最佳的秩序，对实际的或者潜在的问题制定共同的、重复使用的规则，包括建立和实施企业标准体系、制定企业标准和贯彻实施各级标准的过程。可以说，标准化是制度化的最高形式，可以运用到生产、管理、开发、设计等各个方面，是一种十分有效的工作方法。特别是在这个竞争激烈的市场中，标准化的管理方式是企业在市场竞争中获得优势的重要因素，决定着企业在市场中的地位与存在价值。

二、没有标准的企业就是一盘散沙

建立标准的目的在于做到企业的可复制，使企业一个又一个良好的成果得到复制，让企业从一盘散沙逐渐堆积成一座城堡。从散沙到城堡，一般需要做到以下三步。

第一步：制定良好的企业标准，能够确切地反映市场需求，从而生产出令顾客满意的产品，确保产品获得市场欢迎和较高的满意度，解决市场的战略问题。

第二步：建立以产品标准为核心的标准体系，即确保产品质量的稳定，并提高生产率，让企业能够在市场站稳脚跟，避免出现企业刚刚占领市场就由于质量不稳定而退出市场的现象。

第三步：将标准化向纵深推进，运用多种标准化形式支持产品开发，让企业具有适应市场变化的能力，做到不仅能够占领市场，还能在市场中站得更稳，并扩大市场。

企业标准化只有跟着市场运转，才能体现出企业标准化的作用与价值。当然，这三步中的每一步都需要遵循市场经济规律，同时每个企业都需要从自身实际情况出发，通过创新开辟属于自己的新道路。

标准就是巩固企业王国的支柱。如果想要将企业打造成一座华丽的城堡，就需要坚实的构架来支撑，只有这样才能让其他管理事务有据可循、有所依附，才能让企业运作得更加顺畅。因此，管理者不仅要摸索管理方法，还要制定管理标准，只有定好标准，才能让管理更加简单、更加有效。

三、高效的管理离不开标准

很多老板都做着“管家婆”的工作，不论大事小事，都有人来汇报、来问“该怎么办”。也许你认为事事关心很有必要，这样可以随时掌握公司的各种情况，可是这样当老板会很累。要知道，真正会管理的老板应该将更多的时间用来思考企业战略层面的问题，而不是整天为企业的各种小问题而烦恼。那么，如何才能改变这一状况呢？这就需要制定标准。

老板不必事必躬亲，应让标准来为你工作。制定标准，可以打造出一支高效的团队，让管理有的放矢，让结果水到渠成。没有不会工作的人，只有不完善的工作标准，标准帮你培养人、训练人、打造人，打造出企业需要的好员工。

企业只需要一个有魄力的领导、几个能人志士，再加上技术与资金的支持就可以成立。但是企业想要发展，除了这些外，还需要标准，这样才能让企业的管理更加简单、高效。

很多企业管理者总是认为企业管理不够高效，即使制定了管理制度，仍有一些问题解决不了。比如，部门之间为什么会出现相互扯皮、推卸责任等问题？就是因为企业没有制定管理标准，没有利用标准去约束员工。也许你会说自己制定了标准，可仍旧没有摆脱这种状况。为什么？这是因为你没有做好企业标准化工作的宣传。在企业标准化的工作中，标准不是一个摆设，是需要在实际工作中去执行的。想要员工学习标准，需要先让员工知道这些标准。为此，企业应该做好宣传教育和培训的工作，采取举办标准化基础知识学习培训班和召开标准化知识讨论会等形式，让员工知道企业的标准，并通过学习培训强化标准。只有这样，才能让标准在企业中起到应有的作用，让管理变得更加高效。

但是，现实中很多企业拿到标准却不知道如何利用。从近年企业标准建设与创新实践来看，企业标准体系在建立、运行与提升的过程中，存在着不少问题，主要是标准繁多，难以落实，更无法执行。要知道，标准体系只有在实践中才能完善，在完善后才能更有效地服务于生产、经营与管理。为了确保企业建立的标准体系的高效，管理者应该根据企业自身的情况，制定标准化工作监督考查体制，查明和消除不合格的原因，并采取纠正措施，防止不合格现象再次发生。持续改进应包括日常持续改进和评价、确认审核后的持续改进。检查结果应该与工资挂钩，确保各类标准得到有效执行。

一流的企业要有一流的标准

一流企业卖标准，二流企业卖品牌，三流企业卖产品。

大家可能想过下面这些问题：为什么同样的工作，不同的人做出来的结果完全不一样？为什么一些知名企业的任何一家连锁店生产的产品几乎完全一致？为什么其门店管理方式如出一辙？为什么世界500强的企业像家乐福、沃尔玛、星巴克等可以在任何国家、地区、城市迅速复制出一流的店面和团队？

企业的管理者都希望自己的企业能稳步、健康地发展壮大，能在市场上站稳脚跟，成为行业之首。但是，事实往往并非如此，很多企业的管理者辛辛苦苦经营的商业帝国仅如昙花一现。为什么会出现这样的惨状？主要是因为这些企业没有走上标准化的道路，在市场竞争中逐步走向了下坡路。

“一流企业卖标准，二流企业卖品牌，三流企业卖产品”，按照这个说法看一看我们熟知的名企名商，会发现每一家都是标准化的企业。

2011年，美国著名的电动汽车商家特斯拉成为最大的赢家，可谓股票市场中的一匹黑马。特斯拉是一家以生产电动汽车为主、力求开发新能源的汽车制造商，不仅注重新能源开发，还注重营造员工遵守企业标准的严肃环境，因此它才能仅用短短几年时间就成为美国第四大汽车制造商。

特斯拉最初也与其他公司一样不被投资商看好，在管理上也有很多棘手的问题。因此，特斯拉的管理者开始了一系列的管理整顿。管理者亲自考察员工的工作和生活环境，发现员工经常不按照工作流程而按照自己的方式工作，为此管理者一方面列出这些现状无法让公司高层接受的原因，告诉员工这是严重违反标准的行为，将造成客户对公司的不信任，破坏团队精神等；另一方面对那些不按照要求行事的员工进行严惩，扣除奖金，甚至解雇等。

跟随这样的管理脚步，加上各项整顿，特斯拉让员工清楚地知道企业的标准，明白一切要按照标准去做。也正是这样的管理方式，特斯拉营造出让员工遵守企业标准的严肃环境，大大提高了工作效率，最终跻身美国大型汽车制造企业前列。

即使你的企业还没有发展到尽人皆知，即使你的产品还没有得到所有人的认可，你也不能忘记企业标准化，应让企业早一步踏上标准化的道路。

上海有一家叫汉斯的小型广告公司，创始人林琳与丈夫都是大学毕业生，都曾在大型企业中担任过重要职位。因此两人一开始就接到了不少业务。也正因如此，公司成立初期取得了不小的成绩，于是两人决定将小公司扩大为大型的广告公司。在林琳看来，她与丈夫的实力都不错，只要凭借自己出色的技术就能让自己的公司跻身大企业的行列。但是在公司发展的过程中，他们却完全忽视了一个企业最基本的基石，即企业标准。他们没有为员工谋取实际好处，甚至没有在标准方面下功夫，只是一味地模仿大型企业在技术方面的做法。最终，两人的公司不但一直停留在小型企业的发展时期，而且至今都不知道问题出在哪里。

也许你的企业也停在了原地，想尽办法也无法继续向前，为什么会这样呢？就是因为你忽略了标准。正如林琳的广告公司那样，虽说想要朝着大公司的方向发展，也制定了一定的标准，但是这些只是在效仿，没有从公司实际出发，这样的标准是不切实际的。因此，你可以借鉴大企业的标准，但是不能直接把大企业的标准套在自己的企业上，一定要根据自己企业的实际情况进行增减，取其精华，这样才能让标准真正地得到认可并落实，才能让企业真正走上标准化的道路。

想要成为一流的企业，就需要走标准化的道路。有了标准，企业在管理中才有据可循，才能复制出一个又一个好典型，才能更加稳健地成长。

得标准者得天下

对一个企业来说，若没有科学、严格的标准化工作方法，就达不到高质量、低消耗的经营效果，更不能获得最佳的经济效益。很多国外的大型企业之所以一切工作都围绕着提高产品质量和企业利润、降低劳动消耗和物质消耗来进行，就是因为它们将标准当作企业的“宪法”、企业的“生命”来看待，企业中的所有活动都会进入标准化的轨道中，不论什么事情都按照标准进行。这也是我国企业需要学习的地方。

20 世纪末，一些经商者凭借敢想敢干赢得了市场先机，他们的企业也随之迅速崛起，但是最后真正能持续经营下去的却寥寥无几。在宁波，一家大型批发商场的王总，就经历了企业由盛而衰的过程。

为了让企业与国际接轨，王总一味引进先进的设备和产品，却忽视了对企业标准的制定。他认为只要将最先进和最优秀的产品引进来，就可以提高自己的实力，占据优势，在市场上争得一席之地。然而，最终他却失败了，败在没有将标准化管理放在核心战略上。由于没有标准的约束，员工逐渐懒散，导致生产能力不足，服务态度恶劣，口碑越来越差，该企业最终在竞争中失去了优势。

其实，很多企业的管理者与案例中的王总一样都会犯同样的错误，那就是不将标准当回事，认为自己是老板，自己就可以管理员工，员工就应该听自己的。可是，这样的管理不叫管理，就好比在一个王国中没有宪法，只有国王、大臣与百姓，国王根据自己的喜好给大臣分配任务，而大臣也根据自己的喜好管理百姓，这种仅凭自己喜好管理的方式，无法让那些默默工作的大臣或百姓得到实惠，反而让那些溜须拍马的人获得了更多的利益。因此，在企业的王国中，一定要建立标准，进行标准化管理，这样才能让企业王国中的所有人都能按照标准做事，正所谓“人管人不如法管人”，这个“法”就是企业中的标准。

企业有了标准，才能让员工知道什么该做什么不该做，才能让员工对自己受到的处罚没有怨言。因此，为企业定标准，不仅是为了企业能走上正轨，还是在为企业定“宪法”，方便人员管理。

标准化是维持企业业务不乱的秘诀

说起标准化作业，就不能不提标准化作业的典范——麦当劳。麦当劳之所以能发展成为全球知名的企业，和其标准化作业是密不可分的。其标准事无巨细，小到洗手有程序，大到管理有手册。麦当劳的负责人雷·克罗克曾称：“快餐连锁店只有标准统一而且持之以恒地坚持标准才能保证成功。”

许多人都有这样的体会，同样的一道菜，不同的厨师做出来的味道不一样。但是麦当劳偏偏不信这个说法，其每一家餐厅的汉堡都保持着相同的口味。

无论是在美国，还是在中国，抑或是在德国、日本等国家，只要是在麦当劳，食物味道就都是一样的，甚至食物的外形都是一模一样的！许多人都注意到了这一点，觉得很奇怪，为什么麦当劳做出的食物就像复制的一样呢？是准备了食物模型吗？原因其实很简单，这不是因为其生产工艺比别人先进，而是因为其管理技术比别人成熟。

第一家麦当劳餐厅诞生的第三年，公司就编写出了第一部麦当劳营运训练手册，手册详细说明了麦当劳餐厅各项工作的标准、程序。60 多年来，随着麦当劳的不断发展壮大，不断丰富和完善的营运手册就成了麦当劳员工实践操作的“模板”。

麦当劳的一位工作人员说：“我们的要求确实非常严格，做任何工作都有标准。冰块的大小、形状，纸杯的持杯方式以及倒入饮料的方法，都有明确的规定，以保证食品的质量和口味。”

不难看出，按标准操作正是麦当劳 60 多年不败，始终站在全球快餐连锁企业龙头位置的秘诀。麦当劳将业务标准化，让所有的员工都按标准进行操作，制定的标准事无巨细，甚至精确到了毫米，可谓一丝一毫都不马虎，这一点不得不让人叹服。

所以，那些抱怨员工生产出的残次品多、操作不规范的企业，也该好好反思一下是不是因为自己的企业没有严格的管理标准。如果没有统一的标准，那么所有的行为都是混乱的，你觉得这样对，他觉得那样也行，虽然看起来都差不多，但是这样一来就乱套了，企业很难在管理制度体系下正常运作，更别提发展战略了。

可见，制定严格的质量标准、操作标准等是企业实现可持续发展的必要手段。只有在对作业系统调查分析的基础上，以科学技术、实践经验为依据，以安全、高质量为目标，规范员工的行为，将现行作业中的每一个环节、每一个程序、每一个动作都分解，提出严格的标准化要求，才能让员工有统一的行动，生产出标准的、合格的产品。那么，具体该从哪些方面做起呢？下面我们一起来学习堪称全球管理典范的麦当劳的标准。

（1）为产品质量制定可量化的标准。企业要想让客户认可其产品，一定要保证产品的质量，这一点是毋庸置疑的。保证质量需要从细节着手，制定出严格的标准。麦当劳的标准细则仅目录就长达 600 页，包含 2 000 多条标准，下面是其中的两条。

品 类	标 准	备 注
面 包	厚度必须为 17 毫米，里面的气泡保持在 0.5 毫米，这个时候的口味最佳	面包不圆、切口不平不能要
牛 肉	必须由 83% 的肩肉和 17% 的上等五花肉精制而成，脂肪含量不得超过 19%，并且机器切的牛肉饼一律为直径 98.5 毫米、厚 5.65 毫米、重 47.32 克	无

从上表中我们不难理解为何麦当劳的面包能做到大小一样。在这样的标准出现之前，许多人都认为让面包厚度一样、大小一样是不可能的事，但是麦当劳却让标准改变了这一切。

（2）让生产流程按标准进行作业。除了产品质量要有统一的标准外，操作也要按照固定的程序和步骤，达到不是机器胜似机器的效果。以下是麦当劳肉饼的制作流程。

①把肉饼放在煎炉上，打开计时器。

② 20 秒钟后，当计时器发出第一次鸣叫时，操作员要立即用压肉锤压肉，让肉汁能均匀渗透，使肉色更加亮泽。

③当计时器发出第二次鸣叫时，操作员要迅速把肉饼翻一个面。

④当计时器发出第三次鸣叫时，操作员要立即将肉饼起锅。

另外，起锅的方式也是标准化的。操作员必须使用规定的锅铲，每次只能铲出两片肉饼，放在事先调制好的面包上，然后把保存于保温箱的面包盖在上面。

这些规定在麦当劳世界各地的连锁店中都被要求严格执行，并且每年都会进行两次严格的检查。

除了在产品质量上的标准化和生产流程上的标准化以外，麦当劳在以下几点也做到了标准化：连锁店的选址、店面设计以及服务流程，甚至将人才管理与营销操作也纳入标准化范围。

因此，企业要想让自己的业务不乱，一定要按照标准流程操作，这样才能方便管理。

企业要想做大做强，就要摒弃传统的经验型管理，学习标准化经营和标准化管理。尤其是对连锁企业来说，标准化就是连锁经营最本质的特征。国际知名连锁企业成功的重要秘诀之一都是标准化，如麦当劳、肯德基、星巴克。标准化不仅可以规范企业的经营秩序，还可以使连锁企业的店铺快速“复制”。

聚焦最重要目标

很多管理者都有这样的困惑，就是计划制订得很好，但真正落实起来却很难。归纳起来主要有以下因素：目标不明确、目标没有分解为具体的行动、执行者并不清楚具体的目标要求、人们对集体目标缺乏热情。当然，以下情境在很多组织中也是存在的：激励机制不完善、发展规划与决策有失误、团队之间缺乏信任。

对一个组织来说，如果想实现战略目标，聚焦最重要的目标并与团队成员达成共识就显得尤为重要。

为什么要聚焦最重要目标

最重要的目标就是在周而复始的日常事务之外值得你集中所有精力去完成的事情。将一个人的精力集中到一两个最重要的目标上来，而非平均地放到十几个目标上去——这一两个目标应该是能使一个人得到革命性结果的事情。

聚焦，并非要缩减日常事务的规模和复杂度，日常事务往往是必须及时处理的，它是维持组织运转的必要条件。

传统思维往往认为所有目标都很重要，只要努力工作，一定能同时完成十几个甚至更多的目标，占领更广泛的市场。当我们从高效执行的角度去思考时，就会发现虽然许多目标都是重要的，但是每一个时间和空间范围内，只有一两个是最重要的，是我们必须达成的。因此，我们可以把大部分精力都集中到一两个最重要的目标上。

聚焦，即专注，无论是国家、组织、企业、团队，还是个人，均可发现聚焦的重要性。人体的生理构造决定了一次只能把一件事情做到最好，很多程序员都会一边听音乐一边敲代码，此时的工作效率一定不是最高的。

日常事务之外的目标数量	2～3	4～10	11～20
能出色达成的目标数量	2～3	1～2	0

如何做才能聚焦最重要目标

在聚焦目标的时候，最大的挑战是需要你对大量的“好点子”说“不”，懂得拒绝，因为好主意的数量总会超出执行能力的范围。乔布斯曾说过，当你决定了什么事情对你来说是最为优先的时，你必须有勇气——愉悦地、不进行任何辩解地——对其他事情说“不”。当你说“不”的时候，内心燃烧着的是“是”的决心。那么怎样才能聚焦最重要的目标呢？

一、考虑各种可能性

在收集目标的最初阶段，可以进行头脑风暴，哪怕心中已经确定了最重要的目标，它也是有意义的。头脑风暴的方式有以下几种。

（一）集思广益，收集点子

与同级别的负责人开展头脑风暴，尤其是当你们有共同目标的时候，即使他不懂你的业务，意见依然是有价值的。

和你的团队成员开展头脑风暴，让他们参与目标的制定，有助于提升对目标的认可度。

独自进行头脑风暴，先自行思考，制定目标，等想法成熟的时候，再和其他人员商榷。

（二）自上而下 VS 自下而上

自上而下，领导者自行制定最重要目标，没有听他人的意见，可能会导致成员认可度和积极性低的问题。

自下而上，成员内部制定最重要目标，可能会使目标与组织宏观战略偏离。

两者结合，显然是最好的。

（三）发现问题

在寻找最重要目标的过程中，有三个问题非常有用。

问题 1：为了实现组织的整体目标，在其他方面不发生变化的前提下，团队提升哪方面的表现力可以取得最大的效果？（这个问题比“我们可以做的事情什么最重要”要更加有意义）

问题 2：为了实现组织的整体目标，我们团队可以在哪些方面做出最具有杠杆作用的贡献呢？（发现优势，强化优势）

问题 3：为了实现组织的整体目标，我们团队有哪些最薄弱的环节亟须改进呢？（暴露弱势，寻求改进）

在第一步中，你只需要想“什么是最重要目标”，不用考虑“怎么实现”。尽可能多地收集建议，清单越长，最终确定的最重要目标质量越高。制定目标的阶段，不要被“怎么实现”吓倒。

二、按影响力排序

拿到清单后，接下来就要选择最有可能对组织整体目标产生影响的候选目标。

在排序的时候，有些目标可能非常有助于提升部门的能力，但不利于组织整体目标的实现，此类目标不应该成为首选。

三、测试最棒的几个想法

确定了几个候选目标之后，可以根据以下四个特点对其进行测试：

（1）这个目标是否与组织的整体目标一致？

（2）这个目标是否可衡量？

（3）谁拥有目标的控制权，我们团队还是其他团队？你的团队对目标的控制权是否在 80% 以上，若不足，就会对其他团队产生过多的依赖，这样谁都不愿承担责任。当然，若是团队共同协商制定的同一个目标，另当别论。

（4）谁控制整个过程，领导还是团队成员？很明显，不应该是领导控制。

四、定义最重要目标

经过充分的考虑，已经确定了对组织整体目标影响最大的团队最重要目标，接下来就需要将其具体化。

想一想公司（部门）的目标，我们一起反思这样几个问题：

（1）你们的组织当下一共有几个目标？其中，哪个是最重要的目标？

（2）你周边的伙伴是否真正了解这个目标的含义？你们对这个目标的理解是否一致？

（3）你或你的部门为实现这个最重要目标，所花的时间大概有多久？

（4）你的下属了解这个目标吗？对你所认为的“最重要目标”，他们是如何理解的？他们是否知道正在做的事情与“最重要目标”之间的关联是什么？

从表面上来看，各级管理者所思考的“执行”维度是不同的。高层管理者要关注的是战略制定、领导和整合人员、运营实施三大流程的调整和优化，而中层管理者要考虑的则是如何找到支撑战略目标落地的关键行动。在一个有着优秀执行文化的组织中，高层管理者也经常会从事一些具体的，甚至是非常关键的细节性工作，而不是背着手靠宣讲愿景与企业价值观激励团队。

对于目标，不管哪个层级的管理者，要关心的问题只有一个，即哪些事情是我们取得胜利需要做的。管理者要从这些事情中圈定出有利于组织发展的最重要的目标，并将目标数量尽可能地缩减到 1 ～ 2 个。

当团队能将注意力聚焦到少数最重要目标的时候，士气会发生很大的变化，他们不再为注意力分散而苦恼，终于可以把最大的精力放在少数目标上，这为他们出色地完成工作奠定了良好的基础。同时，基于组织最重要目标而分解出的子目标，也将使每一位参与者都能与组织战略目标相联结，他们不再是单纯的计划制订者，而是整体目标实现的推动者。

自动自发的工作氛围

一、什么是自动自发

一个人能在没有人要求和强迫的条件下，自觉而出色地做好自己的事，就是自动自发。

也许有些人认为，只要准时上班、按时下班、不迟到、不早退就是完成工作了，就可以心安理得地领工资了。这些人几乎从未认真考虑过关于工作本身的问题：工作是什么？工作又是为什么？因此，很多人只是被迫地应付工作，为了工作而工作，不能在工作中投入自己应有的热情和精力。

这些人都踩着时间的尾巴准时上下班，工作时也是死气沉沉的，很被动。当他们的工作被无意识所支配的时候，很难说他们的工作是卓有成效的，他们只不过是在“混”而已！

随着时间的推移，人们对员工个体能力的评判，已经不再局限于专业技能的优劣。在现代职场中，一个员工最宝贵的特质之一就是自动自发地工作。

如果只是在别人注意或老板在身边的时候才努力工作，是难以达到事业巅峰的，因为最严格的标准应该由自己设定，而不是别人提出。如果你对自己的期望比主管对你的期望更高，那么你大可不必担心会失去这份工作。

同样，如果一个人能达到自己设定的最高标准，那么他将快速成长。成长是一种积累。无论哪种行业，要想攀上顶峰，都需要进行精心的规划和旷日持久的努力。如果想获得成功，就要永远保持自动自发的精神，在快速成长中耐心地等待那些回报。当一个人养成自动自发的习惯时，就有可能成为出色的人。成就大业的人和凡事得过且过的人最根本的区别在于：成功者懂得为自己的行为负责；得过且过者只知道讨好别人和机械地完成目标，对自己的所作所为不愿意承担任何责任。

自动自发的人通常能随时把握机会，拥有以目标为导向、不惜打破常规的智慧。他们工作的最终目标不是达到公司和主管的要求，而是实现他们心中的期望。

二、如何使员工自动自发地工作

公司里总有一些人经常闲着无事可干，领导走过去询问原因，他就说："您安排的事情做完了，没事啦。"这样的人每个公司都有，他们认为做完老板安排的事情就很不错了。但没有任何一个企业愿意看到自己的员工在工作中应付差事，就像推一下才动一下的木偶，这种被动的工作状态在竞争激烈的商业环境中，对企业来说是最大的危机。

对被动做事的员工来说，是他不想主动工作吗？答案是否定的。新员工刚进入企业时，都是愿意主动工作的。为什么员工渐渐变得不愿主动做事，企业管理者应该反思一下。个别员工不愿主动做事，是员工个人能力的问题；大部分员工不愿主动做事，那就是企业管理的问题。

在现实中，很多管理者将原因归结到员工个人身上，如动机、态度、习惯等。然而，工作主动与否虽然与很多个人因素有关，但不能忽视的一点是，人在很大程度上是环境的产物，要调动人的积极性，除了个人的努力外，创造适宜的环境也是重要的因素。改变员工被动的工作状态，对企业来说就是创造一个能支持高绩效的工作环境。

目前，如何提高员工的工作主动性，做到“自动自发”，已成为众多管理者需要探讨的问题，笔者认为可以从以下三点入手。

（1）了解你的员工。无论是迫于生活需要，还是为了追逐梦想，每一个人总有他想去的地方和想做的事情，不管这个事情是在当下还是在未来。在和员工沟通的过程中，一定要把这些东西聊清楚，找到他在这份工作里的期待，找到他愿意付出努力的地方，然后进行约定，使其能承担更多的责任，管理者也可以承诺在员工承担更多责任后，给他更多的回报。要想让员工主动工作，第一步就是了解员工。

（2）让员工和你的目标达成一致。一个好的领导应该不断地帮员工达成他的目标，而不是打压他的积极性。比如，员工想加薪了，员工想升职了，员工想有更多的自主权，等等，他主动提出这些要求，是好事情。毕竟，他愿意提出来，也会做好承受各种后果的心理准备，很多时候还会带着“你不给我，我就走”的这种想法。遇到这种情况，如果员工的表现真的很好，就不是什么难事，即使他不提出来，企业领导也理应给他应得的。可更多的时候是员工的表现并没有优秀到老板觉得必须给他加薪升职的程度，甚至很多时候老板还会觉得这个员工很多地方并不称职，还要加薪，真是荒谬。事实上，员工提出要求的时候，才是你和他达成一致的最佳时机。这个时候，你可以很理性地和他分析他的功过得失，讲解你如何能帮他达到这个目标，而他应该付出什么才能拿到他想要的。你给出相应的机会，他努力给你看。达到了共同目标，皆大欢喜；没有达到，也有拒绝的理由。

（3）让他了解你，建立信任。人和人的关系是做好事情的基础，如果一个下属无法信任自己的上级，对上级的做事态度和方法不认可，就会影响工作的开展。如何建立与员工之间的信任是一个比较大的话题，其中要点之一就是让员工相信你，相信你比他走得更快、更远一些，你能给他提供帮助，能让他在你这里得到成长。要做到这一点，就要让你的事情更多地为员工所知，分享你的成长过程，告知他你的愿景和目标。让他明白，你我是一样的，你走的路我走过，因此我知道怎样才能走得更快、更远；你所面临的困扰，我也经历过，我有更好的解决办法。这些是你对员工的帮助，也是对他的指导，既能让他更了解你，又能建立情感联系，让信任在其中滋生。有了这些，你们就可以建立更融洽的上下级关系，也可以建立更亲密的朋友关系。有了信任，你的员工才愿意为你、为组织贡献自己的才能。

优秀的管理者不仅是公司战略目标的执行者，还应该是努力培养员工主动性的教练。如果员工都能做到“自动自发”，那么企业在精神面貌、工作效率方面将会得到大大的提升。在实践中，一些企业探索出了较好的解决方法。

（1）积分制管理。积分是商家常用的一种营销方式，作用是引导、刺激消费者多购物，如商场超市的购物积分、全球通电话的使用积分等。积分制管理则是把积分制度用在企业对人的管理上，以积分形式激发人的积极性，考核人的综合表现。

中国积分制管理创始企业湖北群艺集团自 2003 年起采用积分制管理模式，旨在用积分调动员工的积极性、增强制度的执行力、培养员工的好习惯、建立健康的企业文化、打破分配中的平均主义、留住人才、建立优秀的管理团队、解决管理中的各种困惑。短短几年时间，湖北群艺已发展成为横跨生产制造业、零售业及服务业的多元化集团企业，资产扩大了 20 倍，效益增加了 50 倍，创造了中小企业的发展奇迹。

在积分制管理下，积分与福利挂钩，每位员工都想多做事、多挣积分。积分制管理把员工的工作与各种梦想、各种需求、各种期望联系在了一起，员工通过挣积分获得奖励，积分高的员工可以多拿奖金，可以出国旅游，可以由公司花钱换手机，可以获得车、房等奖励，因此，积分可以激励员工多为企业做贡献。

在这种积分制管理下，只需给员工制定工作目标，员工提前保质保量完成就能有积分奖励。在这样的激励下，员工会积极主动地完成工作，充分发挥潜能；公司里的许多事情，只要员工主动报名参与，都可以得到积分奖励。用积分培养员工做事的主动性与积极性，引导员工主动参与不失为一个好方法。

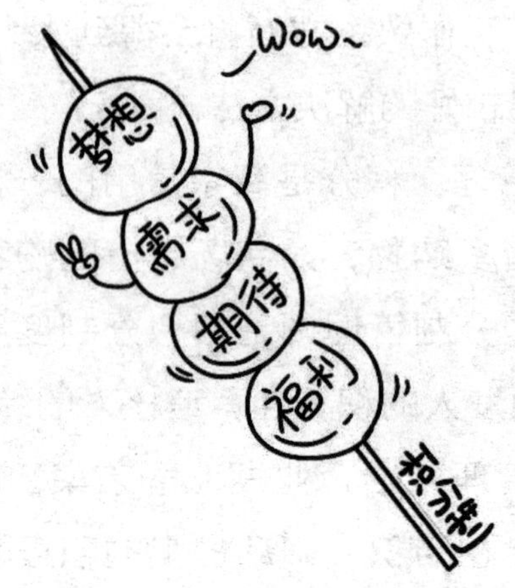

此外，员工的各种违规行为都会被扣分，由于不是扣钱，员工感觉更人性化，大大提高了员工的执行力。企业有了“积分”这根线，可以带动员工的方方面面，从而最大限度地调动员工的主观能动性。

这种积分制管理讲究“优胜劣汰”，优秀员工积分高，所获得的福利就多；相反，积分为零或负的员工就属于被淘汰的对象。在这种优胜劣汰的方式下，公司形成了一种积极向上的工作氛围。在积分制管理下，对员工积分进行公示排名，能在潜移默化中提高员工的积极性，形成个个求上进的良好风气。在这种管理模式下，员工会积极主动地做事，不需要老板时刻监督。

积分制管理方式注重为员工提供学习成长的平台，发掘和培养员工的多种潜能，同时为企业培养更多的复合型人才。在这种管理中，管理者会给员工一个工作任务和目标，而不是详细的执行计划。这就需要员工在完成任务的过程中，充分发挥自己的主观能动性，主动寻求各方协助，与同事交流、沟通、协作，从而找到最优的工作方法。这样既锻炼了员工的工作沟通能力，又让员工得到完成工作的成就感与满足感，从而更愿意去主动做事。

（2）员工自主管理法。什么是员工的自主管理呢？自主管理就是在企业统一目标和共同价值规范的前提下，在沟通、协作、创新、竞争的平台上，员工自我管理、自我规范，合理使用自己的工作方法、技巧，进而形成企业与员工共同发展、共同成长的双赢局面。

如今，一些公司的成功做法已经证实，让员工自主管理，不受过多约束，能充分发挥他们的创造力。所以，企业一定要努力创造员工自主管理的良好环境，使他们自觉自愿、负责任地工作。

巴西的南美系统工程和管理公司就是个推行员工“自主管理”的企业。董事长李嘉图·塞姆勒认为：“管理的关键是要摆脱管理者，公司赢利的最好方法是放手让员工去干。”

塞姆勒 1984 年接手南美系统工程和管理公司后，打破了传统的管理方式：将员工分成若干工作组，由各个工作组自己制定生产目标，员工自然分工。公司规定：各组总利润的 1/4 为员工的工资，各组的决策和利润分配由员工民主选举产生的委员会负责。显然，每个组都希望自己能以最低的成本赚取最大的利润。这样一来，员工的工作积极性大大提高了。

在该公司，员工可以根据自己的能力和兴趣选择工作组以及担任的职务，经过一段时间的磨合，如不满意可申请调换。员工还可以根据自己的工作量和工作时间自行确定工资。当然，全部薪水要张榜公布。如果有人自定的工资偏高，公司会要求他提高生产率，若不能胜任的话，公司就会适当降低其工资档次或调岗。如果谁有损害其他工友利益的情况，员工委员会将给予暂停工作 6 个月的处罚。

让员工自主管理，也要让员工对公司的经济效益承担责任。因此，该公司对员工的工作实行问责制，设定最低标准，如达不到最低标准将会被辞退。同时，还对部门经理以上的管理人员实行公开评议和打分，不满 75 分者就要被撤换，包括塞姆勒本人。

另外，该公司所有决策会议对所有员工开放，员工可以随意出席会议和发表意见。公司还会重奖提出建议并取得重大效益的员工。

这些举措可以说都是员工自主管理的真实体现。该公司董事长塞姆勒中肯地说："我要让员工了解公司的一切，即使有一天公司要他们离开，他们也不会有怨言。"

“自主管理”并不是领导者完全不管，而是从尊重员工、肯定员工的重要作用着手，给予员工最大的空间，从而到达“无为而治”的管理境界。当然，这家公司的做法并不是所有的公司都可以全盘复制的，但这种方式的好处在于能使员工围绕企业的目标充分发挥主观能动性，提高工作效率。

海尔集团董事局主席张瑞敏说过，企业最好的管理，就是“消灭管理”。过去的企业组织是一个金字塔，领导在上，员工在下。当今企业管理则需要编织一张网，要对所有员工充分放权，让他们自主管理，做企业的主人，做自己的CEO。在海尔，从最普通的员工到最高决策者，人人都有自主精神，正是这种精神，缔造了令世界瞩目的辉煌成就。

如今，随着人本经济的深入，企业管理的最高境界就是“不管理”。可以想象，员工如果把工作当成自己的事业，就不会出现拖延和推卸责任的情况，而会主动解决问题，那么业绩也会随之提高，企业的前景就会更加光明。

（3）让员工成为合伙人。

①资本和人才哪个更重要？很多人创业，最先想到的是自己一个人创业，对一个创业公司百分之百地控股，这种做法真的对吗？事实上没有绝对的错和对。如果一家公司仅是为了赚点小钱，寻求温饱，那就可以这样。但对于那些立志把公司做成一份事业的创业者，既然有这么大的抱负，那么不妨把格局放大点，与志同道合的人分享事业。谈到这里，也许有人就会说了，为什么要合伙？我要是有钱，我就无所不能、毫无畏惧了。此时，就需要思考一个问题，对一家公司来说，到底是资本重要，还是人才重要？

这是一个争论不止的问题，在过去的工业化时代，创业者可能要不断地买厂房、买流水线、买原材料等生产资料，从这个角度来看，似乎资本更重要，甚至从某种角度上来说，人才也只是资本购买的一种特殊形式的生产资料而已。到了信息时代，在价值创造的过程中，人才变成决定性因素。资本和人才之间存在多年的博弈，而且天平正在不断往人才一侧倾斜。合伙人制度就是人才发展倾斜的结果。

比如，国外有一家公司叫作麦肯锡，麦肯锡的社会地位非常高，《科学》杂志称："如果上帝决定重新创造世界，他会聘请麦肯锡。"但是，麦肯锡作为一家公司，也会面临各种各样的管理问题。如果有人出钱买下麦肯锡所有的股份，能不能让这群优秀的顾问都替他工作呢？这靠谱吗？显然是不靠谱的。因为在咨询公司、会计师事务所这些行业里，相对资本而言，人才创造的价值更大，所以常规公司"资本雇佣人才"的逻辑在这里显然是不能成立的。

在这个高速发展的移动互联网时代，有人才不一定行，但没有人才绝对不行，因为有人才可以解决资本的问题，而有资本不一定能解决人才的问题。

②合伙人是未来的趋势。企业经营有三重境界：员工帮老板做、员工自己做、员工和老板一起做。做老板的，只有把员工变成自己的合伙人，才能使员工与公司同呼吸共命运，与老板同合

作共发展，而不是单纯地打工。

如果将公司比作一条船，那么每个员工就是这条船上的舵手。老板应该认识到舵手对整条船的重要性，抱着与员工合作共赢的心态，而不是用上下级的观念来建立老板与员工的合作之道。另外，员工和公司的关系就像战士和他所在的部队的关系一样，战士和他所在的部队是有共同目标的，而员工和公司也有共同的利益。

齐勃瓦出生在美国的乡村，由于家中一贫如洗，15 岁便辍学做了一个山村的小马倌。一个偶然的机遇，他到了“钢铁大王”安德鲁·卡内基所属的一个建筑工地打工。没想到，卡内基很快发现了齐勃瓦的潜力，于是开始培养他，让他从一个普通的建筑工人，一步一步升为技工、技师、部门主管、建筑公司总经理、布拉得钢铁厂厂长、钢铁公司董事长。卡内基希望把齐勃瓦变成自己最理想的合作伙伴，而齐勃瓦的表现的确没有让他失望。

当时，控制着美国铁路命脉的大财团摩根，提出了与卡内基联合经营钢铁公司的要求，并扬言如果卡内基不同意，他就要找贝斯列赫姆公司合作。贝斯列赫姆钢铁是当时美国的第二大钢铁公司，如果与摩根财团联合起来，卡内基的公司肯定会处于竞争的劣势地位。于是，卡内基急忙找来自己的员工齐勃瓦，递给他一份清单，说："按这上面的条件，你尽快跟摩根谈联合的事宜。"老板这样说了，员工只要执行就可以了，对自己又没什么损失，但齐勃瓦想，"老板既然把我当作伙伴，我就要像这个企业的主人一样为老板分忧"。于是，他接过清单仔细地看了一遍，然后对卡内基说："根据我所掌握的情况，摩根没有你想象中那么厉害，贝斯列赫姆与摩根的联合也不会一蹴而就。如果按这些条件谈，摩根肯定乐于接受，但我们公司将损失一大笔钱。"

当齐勃瓦将自己掌握的情况向卡内基汇报以后，经过认真分析，卡内基也承认自己高估了对手。卡内基全权委托齐勃瓦同摩根谈判，最后取得了对卡内基有绝对优势的联合条件。正是因为卡内基把齐勃瓦当作合作伙伴，齐勃瓦才不能让卡内基失望，才为公司带来了巨大的利益和前所未有的成就。最后，齐勃瓦成了卡内基最佳的合作伙伴。

合伙人是未来的必然趋势。老板给员工吃草，将获得一群羊；给员工吃肉，将获得一群狼；让员工吃亏，员工就让客户吃亏，客户就会让老板吃亏。让员工成为合伙人，分享剩余价值，他们才能像老板一样为企业操心。合伙人制度的有效性已经被小米、阿里巴巴、华为、万科等著名公司证实，即让员工与公司形成利益共同体、事业共同体、命运共同体，促使员工转变打工心态，从过去"为老板干"转变为"为自己干"。

小米是一家“现象级公司”，创业 4 年，一跃成为全球前五大手机供应商，公司估值从 0 到 450 亿美元。小米创始人雷军认为：单打独斗已经成为历史，未来创业的趋势将是合伙制。

小米公司刚成立的时候，最初的 56 个员工自掏腰包总共投资了 1 100 万美元，均摊下来每人投资约 20 万美元。作为小米早期的 14 人之一，当时唯一的女员工没什么积蓄，为投资小米卖掉了自己的嫁妆入股，这种行为的背后是强烈的创业心态。这样，小米的命运就与员工的身家紧紧捆绑在一起，小米兴则个人兴，小米衰则个人衰。

小米公司将股权作为薪酬制度的重要内容。雷军提供了“三种薪酬 + 股权”的方案供入职员工选择：①和跨国公司一样的高薪；②跨国公司 2/3 的薪酬 + 少量的股权；③跨国公司 1/3 的薪酬 + 较多的股权。最终，10% 的人选择了方案①，80% 的人选择了方案②，剩下 10% 的人选择了方案③。提供股权激励的门槛并没有设置得很高，如工程师只要工作半年以上，工作表现好，就给股权。在雷军看来，提供这样结构的薪酬是值得的，因为“一个互联网公司的优秀员工，相当于 50 ～ 100 个普通的人”。员工持股使员工、股东身份一体化，改变了个别人是创业者、绝大多数人是打工者的传统形式，人人都是创业者。

阿里巴巴在实施合伙人制度时，对合伙人有两个基本要求：一是在阿里巴巴工作 5 年以上，认同阿里巴巴企业文化，有优秀的领导能力，并对公司发展有着积极作用；二是必须持有公司股份。合伙人的推荐流程：首先，在任合伙人向合伙委员会提名推荐，并由合伙人委员会审核同意其参加选举；其次，在一人一票的基础上，超过 75% 的合伙人投票同意其加入。合伙人的选举和罢免无须经过股东大会审议或通过。合伙形式是公司赋予合伙人更多的公司事务决策权，但不享有公司大部分的股权。

万科所采用的是分层合伙人制度，公司层面上的为公司一级合伙人，各个单一的事业群有事业群合伙人，到每一个项目上有项目合伙人。分层合伙人的好处是能够让更多员工参与到整个合伙机制。这种分层合伙有利于形成全员合伙机制。

在《华为基本法》第一章第四部分第十七条中，可以找到华为关于员工持股的纲领性陈述：我们实行员工持股制度。这个表述契合了合伙人制度中的几个关键概念：一是模范员工，二是利益与命运共同体，三是中坚层。华为在 20 世纪 90 年代采用实股，但在 1997 年，华为高层到美国考察企业时，发现美国其实很多高科技企业的人才流动率为 20% ～ 30%。如果继续采用实股，这些人离职以后还拥有股权，继续分享企业的利润就很不公平，也不利于企业和人才发展。采用实股还有一个坏处，许多企业一上市，股权一套现，一夜暴富，人就不愿继续奋斗。因此，美国一些企业采用的是利润分享计划，而不是股权制。

华为的股权很分散，任正非个人只占股权 1.42%。这里开个玩笑，只要高管团队一起联手投票，按照股权就能把任正非炒鱿鱼了。那么，华为怎么实现创始人对公司的有效控制呢？华为从 1997 年开始试行虚拟股权计划，2001 年华为正式推出股票期权计划，获政府批准。虚拟股权计划，即员工拿到的股权不是真正意义上的股权，只是一个利润分红权。简单来讲，员工在华为任职就参与分红，员工从华为离职，不再为企业做出贡献了，股权就退回华为。公司将回购的股权放在股权池里，卖给持续贡献者及新加入的奋斗者。因此，本质上，任正非让渡了百分之九十几的利润，实现了对公司 100% 的控制。伟大的企业家都懂得“散财聚人”这个道理，都爱才如命，舍得让利，善于分钱，但最看重的是对公司的有效控制，以实现其做大企业、做大事业的远大目标与追求。

温氏 2016 年销售收入 590 多亿元，盈利 130 亿元，占了整个创业板利润的 20%。为什么温氏的利润率能超过高科技企业？原因在于温氏创造了管理事业合伙机制，它通过互联网建立管理平台，把 56 000 个家庭农场联结在一起，而这 56 000 个家庭农场全是农场主自己掏钱投资的，产权基本归农场主自己，只是共同在一个事业与管理平台上经营与生产。这样做的结果是什么？第一，轻资产。如果一个企业自己投资 56 000 个家庭农场，投资成本是非常高的。第二，解决了责任心的问题。农场都在很偏僻的地方，职业经理人基本不愿意去。但若养殖场是自己的，很多人甚至吃住都在养殖场，这就解决了生产作业的责任心的问题。温氏为 56 000 个合伙人搭建的是一个齐创共享的事业合伙管理平台，家庭农场产权归养殖场所有，但合伙人共享一个事业平台、一套基于互联网的管理平台，既有大企业的规模与协同效应，又有小企业的活力与效率。这套以共享事业与管理平台为核心的合伙机制，可归纳为 32 个字：数据上移、平台管理、责任下沉、权力下放、独立核算、分布生产（自主经营）、共识共担、齐创共享。

俞敏洪说过：“面对什么时代、什么要求，就要做出什么样的改变，我觉得这是企业家血液中应该有的东西。”在如今 90 后崛起的时代，仅给予员工红利是远远不够的，只有将员工变成企业真正的合伙人，才能充分调动他们的自我驱动力。

世界著名管理大师彼得·德鲁克道出了管理的本质："管理是一种实践，其本质不在于'知'而在于'行'。其验证不在于逻辑，而在于成果，其唯一权威就是成就。"

始于战略，终于执行

什么是执行力？就是保质保量地完成自己的工作和任务的能力。在领导提出工作任务和要求后，如果我们能够保质保量地完成，就叫作有执行力。中国企业从来都不缺技术、人才与战略，缺的是执行力。

中国的患者在医院85%的时间是在排队等待：等医生、等护士、等化验、等报告、等挂号、等拿药……他们真正看病的时间只占15%。在医院，我们总能看到患者楼上楼下忙个不停，左查右查没完没了，不禁感叹：看病要花多少时间啊！医院有没有方法让患者少等一点时间呢？笔者认为最重要的一点是提高医生的执行力。救死扶伤本是医生的天职，医院要坚决打击依靠患者塞红包才做事的不良行为，医者要严格遵守职业道德，不断提高执行力。

下面这则寓言很好地反映了执行力这一问题。

在某地，一群老鼠常常为一只凶狠无比、善于捕鼠的猫所苦恼。于是，老鼠们聚集一堂，讨论如何解决这个心腹大患。老鼠们颇有自知之明，并没有杀猫的雄心壮志，只不过想探知猫的行踪，早做防范。一只老鼠的提议立刻引来满场的叫好声，它建议在猫的身上挂个铃铛。

在一片叫好声中，有一只老鼠突然问道：“谁来挂铃铛？”

不难理解，这是个讽刺“坐而言”者未必能“起而行”的寓言。

如今，众多企业终于意识到：原来领导者的一句话，或者贴在墙上的标语、口号，真正得到贯彻落实的只是凤毛麟角。于是企业开始把注意力转到执行力的层面上。一些企业的初始条件相似，并且采用了几乎相同的战略，但最终的结果却与初始目标相去甚远，有的企业取得了成功，有的却失败了。满街的咖啡店，唯有星巴克一枝独秀；同是主营 PC（个人计算机）业务，唯有戴尔公司独占鳌头；都是做超市，唯有家乐福雄居零售业榜首。应该说，各家咖啡店、PC 企业及零售企业的战略是大致相同的，然而绩效却大不相同，道理何在？关键就在于是否具有非常强的执行力。

日本丰田汽车是 1957 年进入美国的，当时美国已有三个大的汽车公司：通用、福特、克莱斯勒。令人意想不到的是，在最近这几年，日本丰田的业绩竟然超过了克莱斯勒。三家汽车公司决定向日本学习，并觉得再也没有比观察日本同行怎么做更好的方法了，于是派代表到日本参观。

那些美国人问日本丰田的接待员："可以跟你们的员工讲讲话吗？"

"当然可以。"

"可以给他们拍拍照吗？"

"没问题。"日本丰田的接待员说，"各位美国客人，汽车不是日本发明的，是你们美国人发明的；生产汽车的流水线，不是日本人设计的，是你们美国人设计的；做汽车的工具和设备也不是日本人想出来的，是你们美国人想出来的。所以，我们不是很明白你们有什么好参观的。丰田汽车有今天，不是因为我们的设备和你们的不同，也不是因为流水线跟你们的不同，真正的不同是执行力。换句话说，你们输给我们的地方在于执行力不到位。"

可以说，企业在发展速度要加快、产品质量要提高、发展规模要扩大、产品寿命要延长的要求下，背负巨大压力，除了决策层要善于不断捕捉发展机遇、制定好的战略之外，更重要的是企业要具有实施这一战略的执行力。执行力是企业贯彻落实领导决策、及时有效解决问题的能力，是企业管理决策在实施过程中原则性和灵活性相互结合的重要体现，是企业生存和发展的关键。正如中国台湾著名学者汤明哲所说："一家企业的成功，30% 靠战略，40% 靠执行力，30% 靠运气。"

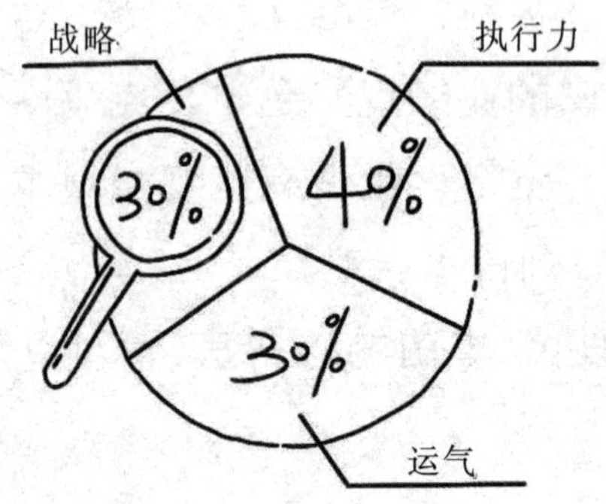

零售业在美国早已成为成熟的行业。按照传统观点，它应该是几乎无利可图的行业。但沃尔玛的创始人山姆·沃尔顿却开始慢慢拉大与竞争者之间的差距。

为了实现既定的战略目标，沃尔玛加强了对员工服务细节的培训。例如，员工要对 3 米以内的顾客微笑，微笑时要露出上排 8 颗牙；对顾客的提问，永远不要说“不知道”。

上海某大型超市，早上超市还没有开门的时候，就有很多卡车在那里。有的司机坐在车里发呆，有的司机在车里睡觉，还有的司机在马路旁边抽烟。有个人正好从旁边走过去，就问其中一个司机:“怎么这么多车啊？”

他说:“就是啊，大家都堵在这里，怎么下货啊？谁先，谁后？”紧接着他还发了一句牢骚，“沃尔玛就不会这样。”

这个人就问他为什么这么说。他说:“如果沃尔玛叫你 6 点 30 分来，你最早不可以早过 6 点 20 分，6 点 20 分之前来的，到别的地方去，不要挡了人家的道；最晚不要超过 6 点 40 分，6 点

40 分以后来的，也到别的地方去，让别人先下货，你最后一个下。如果你回去了，今天卸不了车，那么就取消订单。”

司机说，如果沃尔玛通知让 6 点 30 分到，6 点时他们就瞄准沃尔玛那个方向慢慢地开，到门口时是 6 点 25 分，因为早到、晚到统统不能在门口停留。

卡车司机可能没有受过什么教育，但他们都懂“沃尔玛就不会”。其实，沃尔玛和我们最大的差别不是战略，而是执行力。它知道怎么样才能让卸货更快速，并且能够严格贯彻这一点。

无论是足球队还是企业，它的团队、队员（员工）如果没有执行力，就算有再多的创造力也不一定会有好的成绩。具有执行力，是一个人或一个团队被认可、取得成功的关键因素之一。

目前，战略执行已经成为困扰中国企业高层最亟待解决的问题之一。随着市场化改革进程的逐渐加快以及科学技术的迅猛发展，中国的市场竞争已越来越激烈，企业面临的生存和发展压力越来越大。

诚然，中国企业的战略规划水平尚待进一步提高，但也要看到，在战略意识逐渐成熟的过程中，企业只有有效地执行既定的战略，才能赢得更多学习的时间和成长的机会。而且，企业执行力的不断增强反过来会促进战略制定水平的提高。只有这样，企业才能不断在制定与执行战略的循环中逐渐从稚嫩走向成熟。

原华润集团总裁、中粮集团董事长宁高宁曾说过这样一句话："战略正确不能保证公司的成功，但成功的公司一定是战略方向与战术执行力都到位的公司。"可以说，战略是一种方向，战术是一种执行力，只有方向但没有执行力是成功不了的。

如果厨房里面的厨具不能被竞争者做出来，那么竞争者就可以心安理得地接受麦当劳、肯德基为什么能够做得很好。但是，麦当劳、肯德基的厨房大概是什么样子，员工是什么样子，门口大概是什么样子，只要在里面点个餐，从早上一直坐到下午，便能看个明白。那么，为什么没办法像麦当劳、肯德基一样成功呢？因为它们的战略可以复制，但执行力不行，即便你有很多好点子、好方法，没有办法贯彻落实下去，也就无法成功。

街上的参考书太多了，像《沃尔玛王国》《宝洁的品牌秘密》《麦当劳的十八招》，其实都差不多。因为大家对战略的想法都没有太大的区别，关键在于执行力怎么样。所以，以后不要看麦当劳的厨房是怎么布置的，而要研究餐点为什么59秒就可以做出来；不要研究沃尔玛的招牌，而要看看它的仓库是怎么管理的；不要研究家乐福都在卖什么商品，要研究它是怎么储存货物的。总之，我们应该多研究它们是怎么执行战略的。

没有执行力就没有核心竞争力

比尔·盖茨说过："微软在未来10年内，所面临的挑战就是执行力。"像微软这样一个拥有垄断技术的大公司也有这种意识，足以见得执行力对企业的生存和发展起着多么重要的作用。纵观那些发展快的企业，无一不是执行力超群的企业。因此，执行力是决定企业命运的一个重要因素。

一个好的企业与一个差的企业区别很大，但最根本的区别在于执行力。无论是名列世界 500 强的企业，还是一些中小型企业，它们之所以能不断发展和壮大，就在于它们拥有了较强的执行力。

沃尔玛公司是美国零售业传奇人物山姆·沃尔顿在 1962 年成立的，经过 50 多年的发展，已经成为世界上最大的连锁零售商。目前，沃尔玛在全球开设了近万家商场，员工总数达 200 多万人，在全球 27 个国家均有分布。

2018 年，沃尔玛全球的营业收入达 5 003 亿美元，继续蝉联《财富》杂志世界 500 强企业排行榜榜首。

从 1962 年诞生的乡镇小店到名列全球 500 强之首的商业帝国，沃尔玛堪称世界零售业的一大奇迹。这一奇迹背后的答案就是卓越的执行力。

那么，沃尔玛卓越的执行力具体表现在哪些方面呢？

（1）商品销售。沃尔玛利用集中发货仓库，每天为顾客提供物美价廉的商品。

（2）管理系统。沃尔玛建立了全球卫星联网的资讯管理系统，以加强货品传递与管理。这使沃尔玛因偷窃造成的损失比同行的竞争对手少了一个百分点，为盈利提供了可靠的保证。

（3）服务细节。当有顾客咨询某一商品在何处时，不管此刻员工有多忙都必须放下，都应带领顾客找到他们要找的商品。

正是靠着这种执行力，沃尔玛形成了对手无法轻易模仿的核心竞争力，成就了自己的辉煌。

曾有权威人士指出：一个企业的成功，20% 靠战略，80% 靠执行。可见，执行比战略更重要，企业与企业过招，最后比拼的就是执行力。

商界大咖谈执行力

对执行力这个问题，一些知名企业家也有自己的理解。

执行力就是一个团队组织贯彻落实领导决策，及时、有效地解决问题的能力，是企业的决策在实施过程中原则性和灵活性相结合的重要体现。一个企业有无执行力，关键看它是否拥有具有执行力的人。

联想集团的创始人柳传志被公认为近几年非常有影响力的企业领袖之一。他把执行力归结为一句话：“所谓的执行力，就是选拔合适的人，让他在合适的岗位上工作。”

联想集团是世界著名企业，它之所以能取得如今的成就，与其强大的执行力是分不开的。2004 年之前，联想津津乐道的就是它每年都要举办的全国市场活动，每次都是几百个城市同时举行，足见其强大的运作和控制能力。这种以高效运作体系为基础的执行力，也正是联想在国内 PC 市场崛起并且至今保持霸主地位的撒手锏。

一个企业有无执行力，关键看有没有选对人。从某种意义上说，选对人意味着企业领导者成功了一大半。联想之所以有如此强大的执行力，是因为柳传志找到了一名得力大将，这就是联想集团董事局主席杨元庆。

杨元庆，1986 年毕业于上海交通大学，1988 年在中国科技大学获得计算机硕士学位，在《周末画报》评选的 2003 年中国十大杰出企业家中名列第一。

杨元庆领导的联想 PC 在 1996 年的中国 PC 市场份额中占据了第一的位置，一举打破了国内 PC 市场多年以来被国外品牌垄断的局面，树立了中国 PC 品牌主导中国市场的自信心。

从 1997 年起，杨元庆便多次力图在联想文化中加入“杨式”变奏曲。

1997 年，杨元庆将“严格文化”引入联想，并确立了“认真、严格、主动、高效”的八字管理方针，还毫不留情地提出了著名的“八大问题”，细数联想执行力下降的症状。

2000 年，他又针对联想内部缺乏沟通和协作的情况，将亲情成分引入联想文化，试图以此建立一种相互信任和协作的文化。

2001 年 4 月，几乎是在从联想创始人柳传志手里接过联想“帅印”并公布 2001—2003 年计划的同时，杨元庆受柳传志委托把任正非的著名文章《华为的冬天》发给了全体联想员工，并在一次会议上问与会者:“如果有一天，公司没有完成任务怎么办?”

半年后，他开始大张旗鼓地向联想的“大企业病”和“体内病毒”开火……

杨元庆有今天的成就，可以说是因为柳传志提拔了他，而他贯彻了柳传志的主张，严格认真地贯彻了联想的发展战略。联想在行业内能有今天的地位，也正是因为它具有高效的执行力文化。可见，企业要想取得成功，战略与执行力缺一不可。

美国德州仪器的总经理也说过:“每一个高管或老板，每一年只有一个战略目标，那就是留住10%的关键人才，因为一个公司的关键人才只有10%，真正发挥执行力的也是这10%。你就把这10%留下就好了，这些人才是真正的人才。然后，再把他们摆在正确的位置上就可以了。”这是对柳传志的话的进一步延伸。

所以，一个合格的领导人必须具备的能力便是识人、用人，并在管理中做到收人、收心。此外，为了更好地实现经营目标，领导干部必须反思自己的角色定位，不仅要制定战略，还应当具备与之相当的执行力。

美国企业家H.格瑞斯特说过:“杰出的策略必须加上杰出的执行才能生效。”生活中不乏这样的现象，管理者做出了非常正确的决策，但企业最终还是难逃失败的命运，究其原因在于决策虽好，但缺乏保障其落实的执行力。

20世纪90年代，生产白酒的企业为了占有更多的市场份额，纷纷在促销上大作文章，促销手段花样百出，如赠送打火机和钥匙扣这些小物件。但当所有厂家都这样送时，也就跟不送没有区别了，而且时间一长，顾客对这些小物件也不感兴趣了。因为一把钥匙扣可以用好多年，没必要有太多，而一只普通的打火机，也就一元钱，顾客也不稀罕。

那么，送什么才是最有效的呢？有些厂家想到了用现金作为赠品，于是他们在进行包装时，塞入了 1 ～ 300 元不等的现金，并大肆宣传，这手段一出，该酒销量大增。但问题也出现了：有两个地区投诉不断，顾客表示产品里根本没现金，他们从来就没有中过奖。厂商知道这个消息后，展开了多方调查，结果发现是那两个地区的经销商擅自打开了白酒包装，取出了里面的现金。

这样的例子不胜枚举。

1997 年，美国施乐公司聘请当时在 IBM 已经是重要人物的理查德 · C. 托曼担任公司 CEO。施乐公司的邀请意在让他给公司带来新变革。果然，新领导的发展计划的确给公司高层带来了巨大的惊喜。

可惜好景不长，托曼的计划在经过一段时间的运作后，离既定目标越来越远。在公司转型初期，他曾提出了两个十分重要的方案：一是将公司 90 多家管理中心合并为 4 家；二是组建一支 3 万多人的销售大军。倘若这两个方案如期实现，施乐公司的成本会大大下降，庞大的销售队伍将为公司带来可喜的销售业绩。

方案虽然完美，但在具体的执行中遭遇惨败。

在实施合并方案的过程中，由于人员变动较大，一些岗位出现空缺，许多订单遗失，甚至服务电话也无人应答，局面陷入一片混乱。

托曼的计划没有得到有效的实行，反而打破了公司原有的平衡。整个公司陷入低谷，现金流开始变为负值，公司的股票价格也由 64 美元跌落至 7 美元，公司也被迫出售了一些子公司。在这种情形之下，2000 年 5 月，托曼被迫辞职。

从表面上看，施乐公司是因为实施托曼提出的一系列新举措而遭遇了失败，但其实托曼的计划是被业内人士普遍看好的。施乐公司的失败不在于战略本身出了差错，而在于没有把公司的执行力上升到战略高度。

这两个案例告诉我们：即使有好的策略，如果基层执行者不能坚定、准确、严格地执行，也挽救不了失败的结局。

从一个组装电脑的小公司，到一举取代康柏成为全球最大的个人计算机制造商，戴尔公司能够创造奇迹的根本原因在于，它具有超强的执行能力。迈克尔·戴尔对执行力的看法为："一个企业要想取得成功，必须依靠全体员工在每一阶段都能够一丝不苟地切实执行。"

戴尔公司"接单生产"的做法与传统生产方式的区别在于：工厂是在接到客户订单后才开始生产。戴尔公司重视从供货商到工厂组装、送货的各个环节，要求每个环节都一丝不苟地以最快的速度完成，满足顾客的需求。戴尔公司这种快速反应能力、高效执行能力令其获得了众多对手无法比拟的竞争优势。

杜邦公司已经有两百多年的历史了，它最早是生产火药的，可后来发生了一次安全事故，死了 6 个人，从此它对安全看得非常重。我们来看看杜邦公司是怎么做的。1911 年，杜邦公司成立了工业安全委员会，它对安全的检查力度是一般公司的 30 倍。更有趣的是，杜邦员工说：“在杜邦公司上班比下班还要安全 10 倍。”上班比下班还安全 10 倍！我们有几个公司能让员工说出这一句话？不要说 10 倍了，只要能让员工觉得上班比下班还要安全就相当不错了。

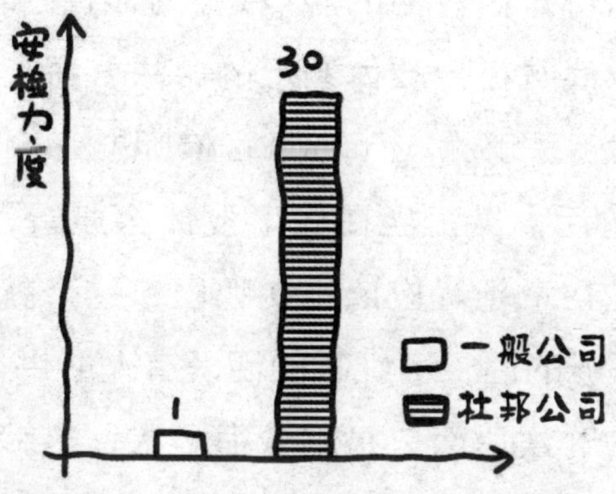

为了保障员工上班时的安全，杜邦公司采取了很多防护措施。难道我们不知道什么叫作工业安全吗？不是，我们当然知道，只是杜邦公司的执行力要比我们好。杜邦公司在中国某地的工厂门口有一块显示屏，上面不断显示公司已经连续安全生产多久了、工业区内事故多少起、工业区外事故多少起。杜邦公司一直信奉：工业意外都是可以避免的，问题在于执行力。

通用电气执行的有力推动者之一是非常有名的前任 CEO 杰克·韦尔奇。杰克·韦尔奇从通用电气最基层的实验车间化学工程师做起，一步步脱颖而出，20 年后终于坐上通用电气最高层的权力宝座。他完好地保持了独特的与官僚作风格格不入的“杰克式”的激情，坚决摒除通用电气这个“多元帝国”的官僚主义，以强硬的作风、追求卓越的理念推动着通用电气业务的重组。正是这种充满活力的激情，成为杰克·韦尔奇出任 CEO 后进行一切改革的动力来源。他历经旧体制的层层曲折，深知哪里有污垢，哪里有无所事事的敷衍，所以“刀斧”所到之处，必斩之而后快，绝不手软。为此，他曾有“中子弹杰克”“美国最强硬的老板”之称。

杰克·韦尔奇对执行力的观点是“通用最痛恨官僚主义，我们要杜绝将资源浪费在行政体系上的做法，摒弃所有仅有美丽外壳的计划与预算”。那么，什么是官僚呢？开会的时候总是领导坐在上面讲很多话，员工坐在底下没什么声音，这就叫作官僚；吃饭的时候总是在意领导应该坐在哪里，这个就叫作官僚；开会的时候总是讲好听的话，不好听的话没有人敢讲，这就叫作官僚；领导检查工作的时候后面总是跟着很多人，这就叫作官僚；领导从外地回来，总是让很多人去机场接机，这就叫作官僚；员工每天都在琢磨领导在想什么，这就叫作官僚。

所以，如果你是企业的管理者，就尽量不要把心思用在这些方面。领导坐在哪里有什么关系吗？开会谁先讲话有什么关系吗？领导检查工作时后面有没有跟着人有什么关系吗？领导从外地回来，有没有人去机场接有什么关系吗？这些事情那么重要吗？如果天天研究这些事情，一天到晚把心思花在这些方面，还谈什么执行力！

杰克·韦尔奇反对将资源浪费在行政体系上，也就是说，钱要花在刀刃上。那么，企业该怎么花钱呢？你应该想想自己花的钱是为了客户吗？如果你能够从这个角度考虑，就知道什么叫作花钱花在刀刃上了。总经理的办公室又大又漂亮，是为了客户吗？主管的办公室铺着高级地毯，是为了客户吗？领导出国坐头等舱，是为了客户吗？很多钱其实并没有花在客户身上。

总结一下杰克·韦尔奇的观点，所谓执行力就是把妨碍执行的一些官僚主义做法以及徒具外表的空壳子统统摒弃。一个公司的实力不体现在它的大楼上，也不体现在它的人员上，更不体现在它的会议上，而体现在它的贯彻力度上，也就是杰克·韦尔奇所说的执行力上。

第五章　原则帮你发现真相

商业之中的友谊大于友谊之中的商业

先做生意还是先交朋友？

有多少人因为做生意交了无数的所谓的朋友，导致一大堆账无法收回？又有多少人因为长期的商业关系结下深厚的友谊？

很多销售的套路是小心翼翼地接近客户，尽量投其所好与之交朋友。其实先做生意，再交朋友，双方都得利后的感情基础是强过先交朋友后做生意的。欧美人偏向前者，而中国人偏向后者，这表明欧美人重实利，中国人重感情。

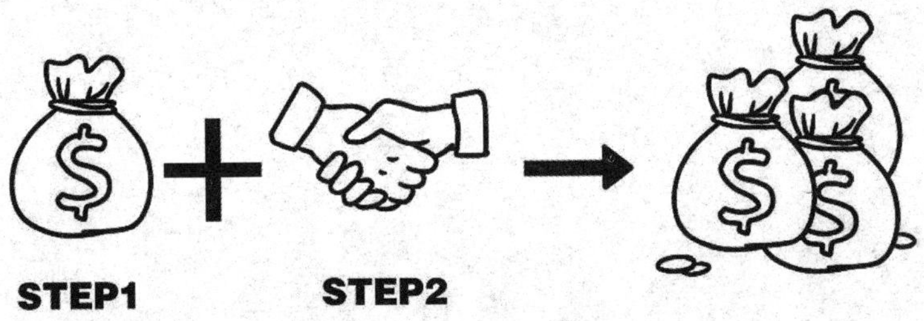

世界级的大财阀洛克菲勒不断做生意，不断交朋友，再通过朋友把生意越做越大，最终建立了世界级的商业帝国。由此可见，绝大多数欧美人的生意思维是先做生意，而且在法制和规则先行

的情况下做生意，有生意才不断交朋友，无生意便少交朋友甚至少来往。欧美人士很少和你吃饭或喝酒、娱乐，也极少收受贵重物品。但随着生意和交往的深入，也会逐渐随便起来。而中国人做生意，往往前期需酝酿很久，成为朋友之后，做生意才比较容易推进。如有朋友互相介绍，生意往往能一蹴而就。如不是朋友，往往害怕被欺骗。这也是对法制和规则在看法上的淡化。所以，中国人做生意讲究人情、关系，有时朋友交上了，商机却丢失了。其实先交朋友后做生意的交易成本是高过先做生意后交朋友的。所以，有些以务实著称的商人，他们前期尽量不做熟人或朋友的生意，以免影响双方的朋友关系。而那些保险推销员和传销分子往往喜欢对熟人或朋友进行推销，但这样只会把自己的信用在亲戚朋友面前提前透支掉，导致以后的人生寸步难行。

基于商业的友谊比基于友谊的商业更可靠

大脑银行创始人、亚洲思维训练导师苏引华说："基于商业的友谊比基于友谊的商业更可靠！"

正所谓："没有永远的朋友，只有永远的利益。"其实更准确的 表达是"只有永远的利益，才会有永远的朋友"。人脉不等于钱脉，只有愿意相信你并为你创造价值的人才是真正的人脉，能跟你产生商业关系并能为你带来金钱的人才是真正的钱脉！

央视《对话》栏目有一期的主角是沃伦·巴菲特，他的伙伴查理·芒格也在旁边。芒格的穿着很普通，他有一只眼睛因为医疗事故而失明，所以坐在聚光灯下显得有些木讷，看起来和美国那些坐在公园长椅上晒太阳的退休老人没有任何区别。和很多场合一样，巴菲特还是那样风趣健谈，而芒格绝大部分时间只是静静地坐在旁边，没有任何尴尬或不适的感觉。有时，巴菲特会问他："查理，你还有什么要补充的吗？"他通常会一本正经地说："没有什么补充的了。"

1959 年，巴菲特和芒格因为高度一致的价值观和投资理念而一见如故，那时巴菲特还在运作一个 30 万美元的小基金。到现在，这两位身家总和达到几百亿美元的老人，维持了超过 50 年的商业友谊。

巴菲特这样评价他的朋友："我在生意上乐事多多——然而，如果我未曾与查理结伴的话，相信将不会有这么多。他以他的芒格主义带来了愉悦，并显著地塑造了我的思维方式。虽然很多人给查理冠以商人或者慈善家的头衔，我却宁愿视其为一位教师。而且，很显然伯克希尔公司正是因他的教诲，才更富有价值并备受推崇。"

事实上，芒格一直被视为伯克希尔公司的镇山之宝。巴菲特的长子霍华德·巴菲特曾说过，他爸爸是他认识的人中第二聪明的——查理·芒格才是第一。以至当大家都在关注巴菲特终于指定了他的继承人的时候，很多人还存有这样的疑问："谁是下一个芒格？"

在我看来，这种友谊不仅体现了他们的智慧和伟大的人格，更体现了他们对商业不同的认识和理解——这意味着在如此长的时间里，二人保持了对彼此的信任、理解和包容。

无独有偶，目前最成功的云计算服务公司 Salesforce 的创始人贝尼奥夫在初创公司之时，交流最多的竟是他当时的老板——Oracle 公司的总裁拉里·埃里森。拉里不仅同意他上午在 Salesforce 上班，下午来 Oracle 上班，甚至还投入了 200 万美元作为种子资金。直到 Salesforce 运作 90 天，财务独立之后，拉里才建议贝尼奥夫从 Oracle 离职。更加难能可贵的是，拉里知道贝尼奥夫需要人才，而且肯定要从 Oracle 挖人，但他没有阻拦，只是请求贝尼奥夫只能带走 3 个人。后来，贝尼奥夫在回忆录中写道："拉里和我的关系远远超越了老板和员工之间的关系。他是我 10 多年的导师，同时是我的好朋友。"显然，拉里对商业世界有自己独特的思考和评判标准。

让问题简单化

一、组织简单化

复杂性会降低生产力，并对工作场所的氛围产生负面影响。IBM（国际商业机器公司）和 KPMG（毕马威）针对重要 CEO

进行意见调查的结果，强化了这个信息。这两项调查都显示，复杂性是一项关键的商业挑战。

同意复杂性造成问题是一回事，但对这个问题采取行动是另一回事，特别是对工作过量、备受压力，而且很难负荷现有工作量的经理人而言。事实上，复杂性的两难之处在于，大部分经理人觉得自己没有时间专注在这个问题上，遇到这个问题后没有能力解决它。

考虑到这一困境后，我们认为经理人必须要有一个策略架构，以便按照自己的步调和方式处理自身领域中的复杂性问题。因此，我们提供了一套“简化”的七步骤的策略。我们依次提出这些步骤，而你可以按各种不同的顺序执行，主要看你在哪一项能够最快做出最大改变。但是，经过一段时间后，你必须执行所有的七个步骤，如此一来，“简单”才会成为你组织的核心能力，而不只是一次性的项目计划。

（1）清除障碍。简化作业的一个简单起点，是摆脱愚蠢的规则和价值太低的活动。大部分组织中会有这类浪费时间的活动，如看看有多少人需要审查和签发费用报告或是小额采购；在展示PPT（演示文稿或幻灯片）之前，需要审查多少次。如果你可以排除一些简单的工作，就能把多出来的时间集中用在更重大的简化作业上。

（2）采取由外而内的方法。推动简化作业，应该是出于为内部或外部顾客增加价值的目的。因此，这个过程中的一个关键步骤，是积极厘清内部或外部顾客实际上的需求以及你可以采取什么行动，让他们更成功。比如，有一位经理带着他的团队拜访客户的工厂，这样团队成员就能看到客户实际使用他们产品的情况，就会知道如何改进产品。

（3）按优先级处理。简化作业的关键之一是了解真正重要（和不重要）的项目是什么，并且在新项目加入时，不断重新评估优先级清单。

（4）采取最短的途径。一旦确定你在做的事情是正确的，就彻底根除核心流程中多余的步骤和无关的、多余的部分，寻找使流程尽量简洁的机会。

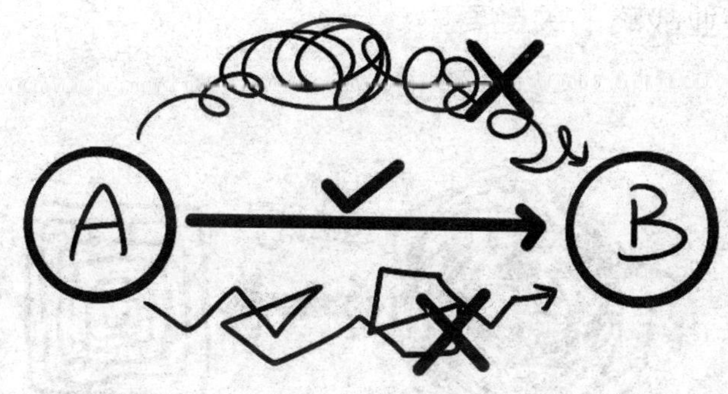

（5）不要再做“烂好人”。造成或加重复杂性的原因之一，是大家都不愿指出不好的做法。人们不愿质疑资深人员，因而在无意间造成了复杂性。复杂性的产生可能是因为会议管理技巧不佳、工作分配不明确、发送非必要的电子邮件、过度分析，或是其他不良的管理习惯。要解决这个问题，可以采用具有建设性的反映意见，让大家坦诚指出可能会造成复杂性的个人行为。

（6）减少层级并且扩大监管范围。造成复杂性的另一个原因是公司组织结构上管理层级过多，导致经理人只管理一两个人。

当那种情况发生时，经理人会觉得有必要过问下属所做的一切，借此增加价值。但这种做法加重了工作复杂性。要解决这个问题，避免事必躬亲，就必须定期检查组织的结构，设法减少层级和管理人员，并扩大主管的监管范围。

（7）别让问题死灰复燃。复杂性就像花园里的野草，随时都有可能重新悄悄长回来。每当你觉得好像已经解决了复杂性这个问题时，就重新执行上述步骤。

在现今全球化和数字化的趋势下，复杂性的处理越来越重要。经理人必须把“简化”当成一项核心领导能力来培养，并让“简化”成为商业战略的关键要素。

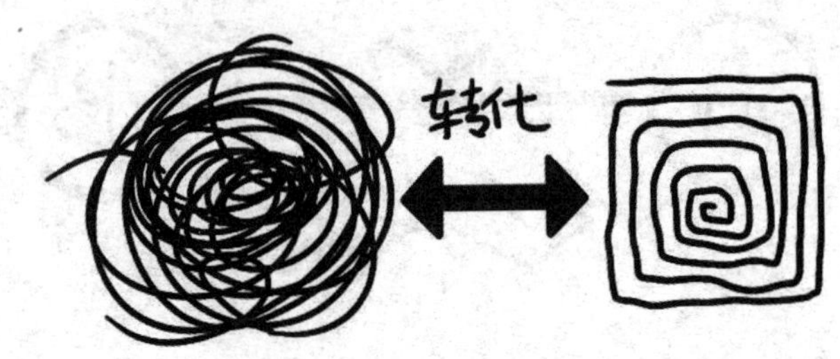

二、管理简单化

管理既是一门科学，又是一种艺术。管理可以很复杂，也可以很简单。

在很多人的眼中，管理高深得无以言表，管理复杂得难以想象。果真如此么？答案是否定的。事实上，管理并非人们想象的那般高深与复杂，只是我们自己将其高深化与复杂化了。

享有“全球第一CEO”“世纪经理”美誉的杰克·韦尔奇无

疑是 20 世纪最优秀的管理者，媒体评论说“他的成就重新定义了现代企业管理”。

韦尔奇认为，管理的真谛就是把复杂的问题简单化，将混乱的事情规范化。这是他通过毕生实践总结出来的最高管理法则，也是他获得成功的最大秘诀。在他看来，让事情保持简单是商业活动的要旨之一。他甚至表示，他的目标就是要“将我们所做的一切事情、所制造的一切东西都‘简单化’”。

韦尔奇追求简单化的根源可以追溯至他初入通用电气的岁月。他刚到通用电气时，是在一个小型塑胶实验室工作。他的团队很小但很灵活，完全不存在官僚主义。因为不必同官僚主义做斗争，韦尔奇和他的同事们集中精力进行市场竞争、扩大业务、创造新产品。那些早年岁月向他展示了商业可以是充满激情却又简单明了的，不必充斥着复杂难懂的行业术语。此后的几十年时间里，他逐渐将这种独特的激情和简单化原则灌注到通用电气“庞大的身躯”中。

韦尔奇说：“做到简单化的行事作风，需要莫大的勇气，尤其是对于大公司而言，更是如此。因为官僚主义不仅惧怕速度，更讨厌做事简单化。”

在韦尔奇看来，简单化的核心就是要确保公司上下对简单化处事作风价值的认同和理解。他认为，对一名工程师而言，简单化就是做出种类不多但功能齐全的简洁设计；对于生产制造者来说，简单化意味着他们将以具体的、操作人员能够理解的，而不是复杂的语言来评价涉及的生产流程；在开拓市场的工作中，简单化则意味着准确的市场情报、给消费者或行业客户以简明扼要的建议。简单化最重要的意义在于它在个人行为上的应用，即人与人之间的坦诚相待。

古人云：“大道至简。”面对复杂多变的外部环境和繁杂的内部形式，企业管理者特别是高层管理者能否清醒地透过现象把握事物的本质，采取简单有效的手段和措施解决问题，并建立使管理简单化的机制，是企业能否持续发展的不二法门。

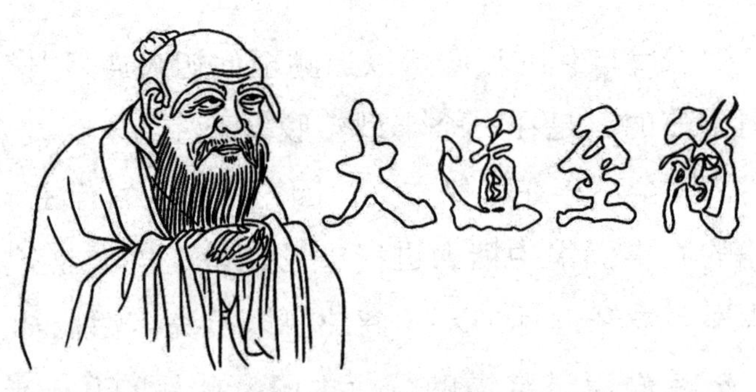

韦尔奇强调，管理不需要太复杂。他说：“领导者必须具有

表达清楚准确的自信，确信组织中的每一个人都能理解事业的目标。”

宝洁公司的制度具有人员精简、结构简单的特点，并且该制度能与公司的行政风格相吻合，集中体现在该公司倡导的“一页备忘录”。

宝洁公司的前任总经理 Richard Deupree（理查德·杜普利）是一个做事情雷厉风行的人，他有一个习惯，就是从来不接受超过一页的备忘录，他常在退回去的备忘录上面写道：“把它精简成我想要的东西。”

有人质疑，如果说报告只有一页长，那么宝洁公司是如何将其处理得如此切中要害、一目了然的呢？有人经过调查，揭开了这个谜底。宝洁公司是在大量支持性数据以及依据事实分析的基础上，不惜耗费精力与时间将报告尽量缩减，目的是尽量减少领导者或其他人在阅读报告时所用的时间，这种处理问题的方法非常精细，并且趋于完美。一页报告的威力在于它的要点鲜明集中，比主旨散布在十多页那样的分散式、复杂化的报告要简洁清楚。

为了提高效率，管理者可以采用简便的方法加强企业内部的沟通，“一页备忘录”不失为一种行之有效的方法。

公司规模不论大小，其本质都应该是简单的。企业应该倡导精简之风，学会运用化繁为简、以简驭繁的管理智慧，这才是最重要的。

告别从众，坚持理性判断

经济学里，有一个经常用的名词叫“羊群效应”。羊群是一种很散乱的组织，平时在一起也是盲目地左冲右撞，但一旦头羊动起来，其他的羊就会不假思索地一哄而上，全然不顾前面可能有狼或者不远处有更好的草。羊群效应比喻人都有一种从众心理，从众心理很容易导致盲从，盲从往往会让人陷入骗局或遭到失败。

羊群效应一般出现在一个竞争非常激烈的行业，而且这个行业内有领先者（头羊）占据了主要的注意力，整个羊群会不断模仿这只头羊的一举一动，头羊到哪里去，其他的羊就会到哪里去。

遇到没有尝试过的事情，常人会感到害怕，这时候往往会跟着别人的想法走，形成羊群心态。多数中国人认为，自己一个人的判断可能会是错误的，但大多数人的判断就不可能有错误。要不然我们为什么还一直坚持“少数服从多数”的原则呢？正因为如此，他们总是坚信大多数人前进的道路或选择的方向必定正确无疑，跟着大部队前进是不会有错的。但如果充分且客观地进行思考，结果就有可能不一样。例如，如果有大量的人住在 A 地，工作在B地，连接A、B两地的只有两条道路，当别人都走第一条路时，走第二条路的人就可以规避堵车，还可以哼着小曲上下班，甚至有时间发条朋友圈。

再如，在市场经济中，如果两种商品有很强的替代性，当所有人都购买第一种产品时，其价格自然会上涨。这个时候买第二种产品是最明智的选择，因为第二种商品价格低。不走寻常路的前提是要有理性分析，即了解当时的市场。

领导人该有的理性

企业领导人在企业运营过程中要逐渐培养自己的思维方式，保持头脑清楚，不被眼前的利益冲昏头脑。

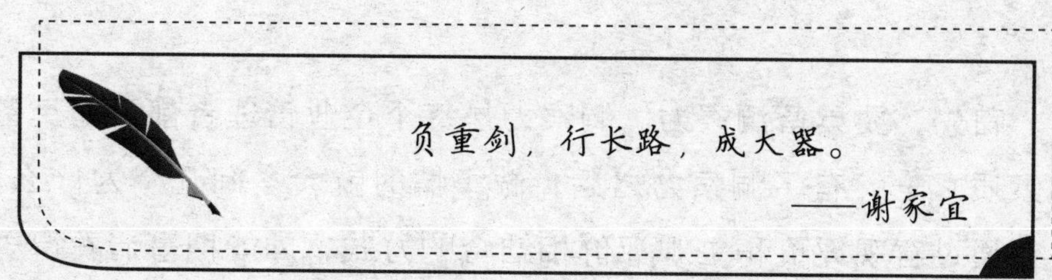

这些说起来容易，做起来难，一眼看到底不是每个企业领导人都能做到的，需要长时间学习，要懂得审时度势，明确自己的目的。企业的高层领导很容易被一件事的发展过程蒙蔽双眼，所以在处理事情的时候，要牢牢记住自己做事的目的，并用创新的目光去看待。

有这样一个游戏：5 个人一组做摸苹果的游戏，要求一个小组的每一个成员都能够最快地摸到苹果。于是，每个人都在研究方法，最后一个人却说，大家把手都放到苹果上不就快了吗？

最后一个人对游戏的理解很正确。所以，对领导者来说，做事情之前，一定要将事情的得失都看好，了解它的目的。那么怎样才能做到“做事之前看好”呢？

首先，要具备洞察力。洞察力是每个企业管理者都需要具备的素质之一，有了洞察力之后，做事情时就会多问几个为什么。只有通过客观评价和主观评价相结合的方式，才能把事情看得更清楚。商场如战场，战场上的情况瞬息万变，因此需要时刻保持理性，掌握主动权，先发制人。

其次，做企业要明确能做的事和不能做的事。明确事情能做，那么就必须去做。有这样一个成功的案例：瑞士是一个名表荟萃的地方，而浪琴表能够从这些表中脱颖而出，主要是因为它主打“优雅”。在定义“优雅”时，浪琴表做了很多的考虑，表的款式做出来，如果不受消费者的喜爱，损失的不仅仅是资金，更多的是消费者的信赖。如今，浪琴表成功了，它的中文广告也被许多喜爱表的人记住，一直延续到今天。浪琴表能够成功主要是因为它的中心思想很明确，同时将“优雅”两字发挥得淋漓尽致，其在形象代言人、广告、款式等方面体现的全是“优雅”。

最后，要掌握自己的节奏感。在 20 世纪 60 年代的东京马拉松比赛中，有一位从来没参加过马拉松的运动员突然获得了冠军。记者采访他时，他说：“因为这条路我跑了很多遍，我算好了跑马拉松的最佳成绩大约是两个小时，每一阶段跑多少时间我都计算好了，不管别人是超过我还是落后于我，我都有自己的节奏感。”其实，无论是做企业还是经营人生，都要控制好自己的节奏感。很多企业家赚到钱后却迷失了自己，原因就在于他不知道自己要什么。一般的企业家都是以金钱为思维导向，而成功的企业家应该是力图通过企业来改变社会，推动社会的发展。

在冷静分析后，你会发现一些事情不能做，那就要保持定力，不要受影响。迈克尔·波特曾经说过：“不能满把抓，放弃也是一种勇敢，也是一种王气。”遇到不能做的事，就不要去强求。

一个企业有明确的定位，知道什么事情能做，什么事情不能做，把握好时机，放弃不属于自己的领域，才能把企业持续地经营下去，开拓适合自己的领域。

组建核心团队

企业家是个体，而不是群体，企业家需要通过理性思考，选择适合自己企业的发展模式，因此要和“羊群心态”说“不”。企业最重要的三大命脉是人、资金、事，而这三大命脉中，人又是重中之重，一切围绕着“人”来展开，因此我们要通过本质去看待人的问题，通过人来解决钱的问题。

现在已不再是企业凭借一个英雄就能开张的神话时代了，需要的是团队的力量。联想创始人柳传志总结了企业创业的三要素：搭班子、定战略、带队伍。

搭班子的意思就是建立核心团队。如果说企业是一列火车，创始人就是旗手，举起企业的大旗，形成企业的凝聚力，吹响向市场进军的号角；核心团队就是驾驶火车的司机班子，有驾驶员、有司炉、有机修工……要让火车动起来，该有的，就一个都不能少。

管理班子能齐心协力，火车就越跑越快；若有人不能发挥自己的特长，或缺少某个工种，火车就可能出问题。

对于创业者来说，如何组建合适的核心团队是首要问题。

俗话说，有坐轿子的，就必须有抬轿子的；有站在前边讲话的，就一定有站在下边听令的；有冲锋陷阵的，就一定有磨枪装弹的。班子组合得不合理，战略就只能是梦想，队伍也会四分五裂。

那么，如何建立优秀的团队呢？一个优秀的团队需要具备下面 5 个要素。

第一，信任。创业伊始，你没有办法来证明你的计划一定是对的，而创业又是一个九死一生的事情，在这个过程中，需要太多人的努力。所以，带团队的第一个核心要素就是解决大家的信任问题。只有解决了这个问题，大家才有可能齐心协力向前冲。那么怎么提升团队的“信任感”呢？

兑现小承诺，实现小目标。这是带领团队建立信任最好的办法。大承诺和大目标都需要很长时间的努力才能实现，很多人未必能够等到那一天，所以可以先从小承诺、小目标开始。小的目标实现了，大家也就相信大的目标也能实现。

销售团队的奖励周期越短就越有激情。实行月度奖励和周奖励的团队没有实行日结的团队的氛围好，这也就是现在越来越多的公司实行项目提成或奖励秒到的原因。销售人员每天都可以拿到提成，然后鼓励大家去带团队，让那些有能力的人有机会赚到团队的提成。个人的业绩奖励及时兑现了，所有的人就看到了希望。于是，大家都会动起来。所以，带团队一定要让别人觉得你是值得信任和追随的，那些真正有用的人才会信任你、追随你。只有身边聚集到足够多的有用之才，你才有机会去创造未来。

第二，梦想。很多人觉得讲梦想就是忽悠，或者是不靠谱的表现。但如果没有足够伟大的梦想，又怎么会吸引到那些真正的高手呢?

马云经常讲，当年他什么都不会，连电脑都不懂怎么用。但“十八罗汉”中有人特别懂电脑，所以才有了后来的阿里电商帝国。讲梦想需要技巧，如共享经济，十年前就有人做了类似共享单车的事情，但那个时候硬性条件还不太成熟。所以，那些人没能成功。于是，今天就有了摩拜等这些单车巨头。

> 胸怀乃人解脱之根本，解脱乃人强大之根本，强大乃人智慧之根本。
>
> ——谢家宜

另外，你的梦想必须要足够大，大得足够“装得下”大家的梦想。只有这样，别人才有尝试的意愿。如果你的梦想都还没有别人的大，别人又怎么会跟着你冒风险呢？就像王健林说的：“先定个小目标，赚一个亿。”再者，你的梦想一定要意义非凡。只有你的梦想足够伟大，别人才会有为之奋斗的冲动和意愿。比如，微商团队的目标是帮助传统企业做微商转型，帮助个人创业成功。团队成员就会觉得这是一件有意义的事情。但如果我们的目标只是为了赚钱，那就失去了意义。

第三，价值观。挑选团队成员的时候要坚持价值观第一的原则，然后才是能力。能力是可以后天改变的，但价值观是难以被改变的。找到价值观一致的人很关键，但后期的训练和提醒也同样重要。在团队的运营过程中，你需要有足够的方法来训练团队，好让大家能够保持下去。比如，可以在每个月的月初搞一个“启动大会”或者“开门红”，强化大家的价值观。

第四，仪式感。生活要有仪式感，而经营团队也应该有仪式感，这是一个优秀团队不容忽视的因素。比如，微信团队小伙伴

的晋升，无论哪个级别的代理晋升，都要搞得特别隆重。整个过程有固定的流程，而且每一个流程都会有专人去执行。这些事情看起来好像是务虚的部分，但当事人会认为这是对他们努力奋斗最好的奖励。所以，他们会特别在意这些事情。这也是很多团队生日会、年会越来越隆重的原因。

第五，持续不断的努力。绳锯木断、水滴石穿说的就是这个意思。任何一个团队从平庸走向优秀，都需要成员持续不断地努力，需要不断学习、共同进步。只有共克时艰、共享成功，才可能走向优秀。同时，成长需要时间，不可能一蹴而就，拔苗助长不是经营团队的好方法。所以，作为领导人，还需要俯瞰全局，志存高远，努力打造一个有竞争力的团队。

制定标准，理性管理

标准代表一个企业的核心理念。组建好团队后，面对庞大的员工团队，企业还需要制定标准进行理性管理。丘吉尔说："制度不是最好的，但制度不是最坏的。"管理学大师彼得·德鲁克认为："一个不重视制度建设的管理者，不可能是一个好的管理者。"

在企业稳步发展下，制度甚至比资本、技术乃至人才更加重要，企业做大做强就一定要用制度来护航。

一个企业不能仅依靠企业领导人的威信、人格魅力去管理员工，企业的事务也不应该是随时、随地、随意由领导人随机处置，无章可循。建立企业管理制度可以大大降低个人因素对企业管理的影响，要依靠科学合理的授权以及对制度的适时调整，使整个企业高效、健康地发展。

制度化管理是依靠科学合理的理性权威进行管理。制度不是定给人看的，而是用来遵守的，只要是组织内的成员，就要受制度的约束。这时领导的作用就很显著了。著名管理学家亨利·艾伯斯说，上级领导的职责是把下级的行为纳入轨道。

下面我们来探讨一下华为和京东的管理。

华为的成功就不多说了，典型的“知识分子＋军人能量”聚合模式的实践。

而作为两家企业的领导者，任正非、刘强东无疑具有一个共同点：个性鲜明，铁腕作风。

刘强东在《刘强东自述：我的经营模式》中写道：“创业之初，最让我疲于奔命的，实际上是培养团队。”京东就是通过内部所建立的人才管理制度，在满足需求的同时，确保了京东内部的高效运作，避免了潜在的风险。

实际上，绝大多数企业都没有华为、京东那样的体量，但是华为、京东打造的管理制度，确实值得我们在管理实践中学习。

华为再度升级员工管理，任正非签发二十一条军规。

（1）商业模式永远在变，唯一不变的是以真心换真金。

（2）如果你的声音没人重视，那是因为你离客户不够近。

（3）只要作战需要，造炮弹的也可以成为一个好炮手。

（4）永远不要低估比你努力的人，因为你很快就需要追赶他（她）了。

（5）胶片文化让你浮在半空，深入现场才是脚踏实地。

（6）那个反对你的声音可能说出了成败的关键。

（7）如果你觉得主管错了，请告诉他（她）。

（8）讨好领导的最好方式，就是把工作做好。

（9）逢迎上级1小时，不如服务客户1分钟。

（10）如果你想跟人站队，请站在客户那队。

（11）忙着站队的结果只能是掉队。

（12）不要因为小圈子，而失去了大家庭。

（13）简单粗暴就像一堵无形的墙把你和他人隔开，你永远看不到墙那边的真实情况。

（14）大喊大叫的人只适合当啦啦队，真正有本事的人都在场上呢。

（15）最简单的是讲真话，最难的也是。

（16）你越试图掩盖问题，就越暴露你是问题。

（17）造假比诚实更辛苦，你永远需要用新的造假来掩盖上一个造假。

（18）公司机密跟你的灵魂永远是打包出卖的。

（19）从事第二职业的，请加倍努力，因为它将很快成为你唯一的职业。

（20）在大数据时代，任何以权谋私、贪污腐败都会留下痕迹。

（21）所有想要一夜暴富的人，最终都一贫如洗。

同样，在制度建设上，京东也有自己独特的一套标准。制度建设并不能帮助公司直接盈利，但是可以推动公司向着盈利的方向逐渐加速。想成为一流的企业，就一定要有一套相匹配的管理制度。

珍视你的声誉

当今时代，随着消费者的不断增加以及消费方式的转变，消费者的权利变得越来越不可忽视，网络舆论也变得越来越重要，它可以使一个不起眼的小企业在一夜之间走红，也可以动辄将一个大企业毁于一旦。企业不再是“我生产出产品，不管好不好，只要卖给了顾客就可以”，而是必须参与到消费者从网上浏览、购买、使用这一系列的真实体验中。这样，企业就需要把每个环节做到完美，因此必须及时进行战略创新和模式创新，努力使自己的经营活动“赤裸化”“透明化”，尤其是要敢于直面来自网络的各种管理挑战。

赢得良好的口碑很重要

在新的市场环境下，企业自身的“软实力”，尤其是企业的口碑已经成为能否在网络经济时代立于不败之地的首要条件。口碑就是对企业的评价，从本质上讲就是企业的声誉问题。企业的产品或服务好，声誉就好；产品或服务差，声誉就差。

对企业而言，如果没有好的声誉，不仅意味着失去了作为声誉投资的沉淀成本，而且与此相匹配的有形资产的价值和其他无形资产的价值也将大大受损。我们可以举一个简单的例子：一家汽车销售商因为零件质量差而容易造成车祸。假如你是要买汽车的人，并且刚好听到了这则报道，那么你的第一反应一定是不想买这家的汽车，想换别家的再看看。你有的想法，其他人也会有。因为作为消费者，我们会先从自身利益出发，如果买到质量差的产品，并且这个产品还可能有安全隐患，那么我们会直接不考虑它。最终结果是这家汽车店的销售额下降，他所卖的车的价格也会下降。在这个案例中，这家企业在消费者心中所建立起的不良印象就是声誉投资的沉淀资本，价格的下降表现为有形资产价值的受损。

所以，企业的声誉与消费者有直接的关系。任何企业都可能因为一场声誉事件而陷入危机，因为网络舆论是一股巨大的力量。因此，企业领导人应该把声誉管理作为重要的战略问题来对待。

在新消费时代，良好的声誉会给企业带来直接的经济收益。1996 年，斯特恩商学院的名誉教授查尔斯·丰布兰(Charles Fombrun)明确地给出了企业声誉的定义："企业声誉是一个企业过去一切行为及结果的合成表现，这些行为及结果描述了企业向各类利益相关者提供有价值的产出的能力。"从这句话我们可以得出一个结论：企业的声誉与产品的价值有直接的关系，所以企业如果有好的声誉，那么它的产品价值在无形中也会增长。

企业声誉是企业在其生产经营活动中所获得的社会上公认的名声。比如，恪守诺言、实事求是、产品货真价实等。而企业声誉差则表示企业的行为在公众印象中较差，如企业在经营过程中有欺骗行为、偷工减料、以次充好等，都会直接影响企业的声誉。

声誉是企业的无形资产，好的声誉是企业立足市场求得发展、获得竞争优势的法宝。赢得良好社会评价，有利于企业降低融资成本、规避商业风险、改善经营管理、提高社会知名度、扩大市场份额。因此，在当今新的市场竞争环境下，塑造良好的声誉是企业应当提升至战略高度来考虑的问题，也是为企业生存开辟道路的核心问题之一。

随着社会的发展和人们消费意识、生活态度的变化，当今市场已经逐步步入新消费时代。简单来说，新消费时代就是一个让消费者拥有话语权的时代，它开启了一种新的顾客与企业间的消费互动方式。在新消费时代，个体消费者已经具备了相当程度的理性和社会关怀，他们不会或者极少去购买一个污水排放不达标、排放物造成严重大气污染、对社会公益事业漠不关心的企业生产的产品，哪怕其产品质量过硬，且物美价廉。

另外，不仅个体消费者有此决定权，团体消费者也担任着不可或缺的消费角色。和个体消费者一样，公司、组织、政府也很少会选择与那些不负责任的厂商合作，避免使自己陷入社会舆论的旋涡中。作为消费群体一部分的企业上、下游合作者，同样会考虑与一个什么样的企业继续合作才能使自身不会受到来自社会舆论与政府政策的压力。

企业与消费者的互动方式也在发生着变化，它从过去单一的厂商主导，逐渐演变成当今新媒体“搭台”、消费者与企业共同“唱戏”。消费者不再是单方面的市场习惯接受者，而企业也不再能简单地支配市场运行。生产与消费之间的关系使企业家们更加关注消费者，而消费方式的改变、消费理念的革新甚至影响和改变了社会生产方式，也促进了社会和谐发展。

对于依赖消费者选择而生存于市场中的企业来说，在新的消费时代，企业领导人应更加重视企业战略调整，履行企业的社会责任，塑造并维护企业声誉，适应新的市场选择需求。企业声誉产生于企业的良好形象及顾客对企业的好感，这种好感可能来源于企业拥有的优越的地理位置、良好的口碑、有利的商业地位、良好的劳资关系等。在消费者开始左右市场的新消费时代，良好的企业声誉对企业来说有着巨大的经济意义。

第一，可以增强企业的综合竞争力，有利于提高市场份额。

在市场经济中，企业作为微观经济主体，面对的人群主要是生产者、竞争者和消费者。如果企业声誉好，在生产环节就可以与更多的原材料供应商合作，在销售环节就可以吸引众多的顾客购买，从而给竞争者带来一定的压力。好的声誉可以赢得顾客，只有赢得顾客，才能占领市场。

第二，有利于提升有形资产的价值。

企业的无形资产和有形资产总是相辅相成的。声誉是企业的无形资产，声誉的丧失不仅意味着作为声誉投资的沉淀成本失去了，与此相匹配的有形资产的价值和其他无形资产的价值也会受损。故而声誉受损越大，企业受到的惩罚也就越大。

第三，可以吸引更多的合伙人进行融资，使企业快速成长。

要经营一家企业，首先需要准备的是资金，融资是企业创立和发展的起点。融资是把分散的钱集中到一起用于办大事，任何企业的发展都离不开融资活动。特别是处于成长阶段的企业，由于销售额逐年增加，生产规模不断扩大，需要更多的生产流动资金，需要购买新的机器设备或扩建厂房，因此对货币资本的需求往往会超出自身的积累规模，如果仅靠企业的自我积累而发展，就会失去发展机会。所以，能不能筹到钱、融资能力的强弱成为影响企业能否进一步发展壮大的一个重要因素。企业声誉是企业融资能力的基础，如果企业有良好的声誉，投资者们就愿意将资金投入可信度高的企业，企业和投资者才能够共赢。

第四，可以减少交易成本。

什么是交易成本？它指的是生产环节以外的所有成本，包括交易双方投入的时间、精力和金钱。从经济学的视角看，声誉可以减少交易成本。比如，两个有声誉的企业之间达成一笔交易，可以不必费时费力地讨价还价，可以不必担心对方不履行诺言，可以不必对簿公堂。总之，由不信任导致的不确定性而形成的费用都省了，交易成本节约了，企业的经济效率自然也就提高了。

良好的声誉是企业的一张王牌，可以使企业在市场竞争中取得事半功倍的效果，决定着企业的未来。在新消费时代，企业要树立重视声誉的经营理念，在声誉的创立、保护、提高上下功夫。

当声誉与企业眼前利益发生矛盾冲突时，要把声誉放在首位，以牺牲暂时的经济利益来换取企业的长远利益。

注重诚信

企业的行为是企业价值观的外在体现。企业的行为可以充分表明这家企业真正重视的是什么。企业的行为比起任何使命宣言、目标愿景都更有说服力。

对于一个真正的创业者来说，最大的风险，就是从来不冒险。

——谢家宜

有一句话叫:“不讲诚信，寸步难行。”

讲求诚信需要保证言行一致，但要做到这一点很不容易。俗话说：“不讲诚信，寸步难行。”有些人不讲诚信，那么他们以后的路走起来就会非常艰难，因为没有人愿意与他们合作；也有很多人对诚信毫不在意，他们更愿意相信自己的计划，而不是行动。而更多的人发现，只要把诚信付诸行动，未来的路就会畅通无阻、四通八达。

一个企业如果没有诚信作基础，那么其他的努力也是在做无用功。

一般情况下，诚信分为“一级诚信”和“二级诚信”，“一级诚信”是基础，需要做到不说谎、不欺骗、不偷窃。“二级诚信”是在“一级诚信”的基础上，做到言行一致、言而有信。

在构建“二级诚信”体系时，公司的发展目标要与诚信价值观相一致，公司的经营活动要符合市场实际情况。“二级诚信”的建构对企业领导者提出了更高的要求。

首先，需要制定诚信经营准则。

通过制定诚实守信的经营准则和诚实守信的企业文化，明确企业的社会责任和使命，明确员工该做什么、不该做什么，怎样做符合诚信经营准则、怎样做违背诚信经营准则等。通过施行诚信经营准则，使企业员工诚信行动和企业诚信目标同步协调，可以促进企业长久发展，把企业的诚信经营准则转化为企业全体人员的自觉行动。

其次，企业家群体应该率先垂范。

一个企业是不是讲求诚信，关键在于企业领导。纵观发生在我们身边的企业弄虚作假、欺骗消费者的行为，几乎都得到了企业最高决策者支持，甚至是由他们亲自策划。企业家群体不诚实守信，何谈企业诚信？只有企业家成为企业诚信经营准则的制定者和执行者，诚信才能真正成为企业文化建设的重要内容，成为企业的经营理念，进而贯彻落实到企业生产经营的各个环节。

再次，开展诚信经营教育。

在市场经济条件下，社会上存在各种诱惑。是见利忘义，还是坚持义利统一、讲求诚信？这与企业全体人员的思想认识水平有密切关系。因此，要把在企业内部实施诚信教育作为企业文化建设的一项内容。正如一位企业家谈到的，诚信是企业发展的基石。企业要与信息咨询公司或高校保持联系与合作，加强对员工诚信经营知识的培训，真正使员工认识到经济全球化和市场经济对企业诚信的要求。

最后，企业要建立一套良好的诚信经营奖惩机制，鼓励员工诚信工作。

要想在企业内外打造一种良好的诚信经营环境，企业还必须建立一种长久的、奖罚分明的诚信经营奖惩机制，以保证诚信经营教育取得更好的效果。

企业可根据员工的业绩、诚信经营行为等，对业绩优秀、诚信经营的员工进行提拔，给予物质奖励、精神鼓励；对违反企业诚信经营准则，损坏企业形象、声誉和利益的员工，给予必要的惩罚。

总之，要想使企业立于不败之地，就要保持企业良好的声誉，坚守诚信底线，做良心企业，做让消费者放心的企业。